SOIXANTE CENTIMES LE VOLUME

BIBLIOTHÈQUE UTILE

XXXI

E. RAYMOND

L'Espagne et le Portugal

PARIS

DUBUISSON et Cᵉ, rue Coq-Héron, 5.

PAGNERRE, r. de Seine-St-Germ. | MARTINON, r. Grenelle-St-Honoré
HAVARD, boulev. Sébastop. (riv.g.) | DUTERTRE, passage Bourg-l'Abbé

L'ESPAGNE

ET

LE PORTUGAL

DEPUIS L'INVASION DES CARTHAGINOIS JUSQU'A NOS JOURS

AVEC UN CHAPITRE SPÉCIAL

RÉSUMANT LES ANNALES DE

L'INQUISITION

EN ESPAGNE ET EN PORTUGAL

Par Emmanuel RAYMOND

PARIS

IMPRIMERIE DE DUBUISSON ET Cᵉ,
Rue Coq-Héron, 5

1862

INTRODUCTION

Nous réunissons dans un même volume l'histoire de deux peuples qui, durant le moyen âge, luttèrent avec une admirable énergie contre les envahissements de l'islamisme, et qui, pendant le XVe et le XVIe siècle, ont pris une grande part au mouvement de la civilisation de l'Europe par les conquêtes lointaines qu'ils réalisèrent. La situation géographique qu'ils occupent, leur juxtaposition, les affinités de leur origine, de leur caractère, de leur histoire, de leur langage, nous paraissent justifier suffisamment le parti que nous avons pris.

Jusqu'au XIe siècle de notre ère, les destinées du Portugal sont intimement liées à celles de l'Espagne, ou plutôt, jusqu'à cette époque, l'Espagne et le Portugal subissent les mêmes dominateurs. Vers 1090, un aventurier français, Henri de Bourgogne, affranchit le Portugal de la domination des Arabes, et, favorisé par Alphonse VI, roi de Castille, qui lui donna sa propre fille en mariage, Henri forma la souche des premiers rois de Portugal. Cette partie de la Péninsule reçut ainsi une existence indépendante, qu'elle conserva jusque vers la fin du xvi siècle, époque où le Portugal devint une annexe de la couronne d'Espagne. Cette sujétion ne dura pas tout à fait un siècle : par un effort généreux, les Portugais secouèrent, en 1640, le joug espagnol, et se sont maintenus libres jusqu'à nos jours.

Le lecteur trouvera donc tout ce qui regarde simultanément les deux peuples dans les chapitres consacrés à l'histoire de l'Espagne, et tout ce qui intéresse exclusivement le Portugal dans la division que nous lui avons spécialement consacrée.

D'après ce principe, nous allons commencer par la description générale de la Péninsule ibérique, description qui embrassera à la fois l'Espagne et le Portugal ; car il nous paraît impossible de bien comprendre l'histoire d'un peuple si l'on ne s'est fait d'abord une juste idée du milieu où il a vécu, prospéré, souffert et combattu.

E. R.

L'ESPAGNE

L'INVASION DES CARTHAGINOIS

JUSQU'A NOS JOURS

CHAPITRE PREMIER

Description physique de la Péninsule ibérique.

Sous le nom d'*Ibérie* (pays des Ibères), d'*Hespérie* (contrée du couchant), ou d'*Hispanie* (pays caché, ou terre des Lapins) (1), les anciens désignaient cette immense presqu'île située à l'extrémité méridionale de l'Europe, entre l'Océan et la Méditerranée, séparée de la Gaule par les Pyrénées, et de l'Afrique par un bras de mer très peu large, le détroit de Gibraltar. C'est là que se trouvent l'ESPAGNE et le PORTUGAL. La circonférence de cette péninsule est de 630 lieues, et sa superficie de 28,900 lieues carrées, dont 15 appartiennent à la petite république d'Andorre; — 1 forme le territoire de Gibraltar, possession anglaise; — 23,850 constituent le territoire de la monarchie espagnole, et 5,034 appartiennent au Portugal. Ce

(1) La dénomination d'*Hispanie* vient du mot phénicien *span*, qui signifie à la fois *caché* et *lapin*. La Péninsule ibérique était autrefois très abondante en lapins; les Romains, dans leurs médailles, représentaient l'Espagne sous la figure d'une femme ayant un *lapin* à ses côtés.

dernier royaume occupe la partie occidentale de la Péninsule ibérique ; c'est une langue de terre qui offre 125 lieues de long sur 50 de large.

La Péninsule ibérique forme un vaste plateau très élevé, hérissé de plusieurs chaînes de montagnes dont les plus importantes sont : la *Sierra* (1) *Morena*, la *Sierra de Cuença*, la *Sierra Nevada* en Espagne, auxquelles il convient d'ajouter le versant méridional des Pyrénées ; — la *Serra* (1) *de Estrella*, la *Serra de San Mames* et la *Serra de Cintra* en Portugal. — C'est dans ces régions montagneuses que se trouvent les mines d'or, d'argent, de cuivre, de mercure, d'étain, de fer, de plomb, qui, dès les premiers âges, attirèrent en Espagne et en Portugal les explorateurs phéniciens et carthaginois. Les mines d'or, d'argent et d'étain sont aujourd'hui à peu près épuisées ; mais celles de fer, de plomb, de cuivre, de houille, de mercure, etc., etc., donnent encore de beaux résultats.

De nombreux cours d'eau sillonnent la Péninsule ibérique ; les plus considérables sont : l'*Ebre*, qui prend sa source à Font-Ibre, dans les Pyrénées, traverse la Catalogne et l'Aragon, et se jette dans la Méditerranée ; — le *Guadalquivir*, le Bœtis des anciens, le Guad-al-Kebir des Arabes ; il prend sa source dans la Sierra Sagra, baigne Andujar, Cordoue, Séville, et se jette dans l'Océan, près de San Lucar de Barrameda ; — le *Tage*, qui prend sa source dans les monts Albaracin, traverse les provinces espagnoles de Cuença, Guadalaxara, Tolède, Badajoz, entre en Portugal après avoir formé la limite des deux royaumes, sépare le Beïra de l'Alem-Tejo, traverse enfin l'Estramadure portugaise et se jette dans l'Atlantique, au-dessous de Lisbonne, par une embouchure qui n'a pas moins de

(1) Sous le nom de *sierra* ou *serra* (scie), les Espagnols et les Portugais désignent leurs chaînes de montagnes, à cause de la similitude qu'offrent les dentelures de leurs crêtes avec les dents d'une scie.

trois lieues de large; — le *Minho* (le Minius des Latins), qui prend sa source dans la Galice, coule au sud et au sud-ouest, forme, depuis Melgaza, la limite d'Espagne et de Portugal, et se jette dans l'Océan à la Guardia; — la *Guadiana*, dont le parcours est de 660 kilomètres, et qui, après avoir pris sa source dans les environs de Ciudad-Real, disparaît près d'Alcazar et coule sous terre pendant 22 kilomètres, reparaît aux Ojos de la Guadiana, sépare l'Espagne du Portugal, et se jette dans l'Océan, au-dessous de Villareal; — le *Duero* (le Durius des anciens), qui prend sa source dans la province de Soria, traverse celles de Valladolid et de Zamora, forme ensuite la frontière entre l'Espagne et le Portugal, et se jette dans l'Océan, un peu au-dessous d'Oporto; — enfin le *Mondego*, le plus grand des fleuves qui prennent leur source en Portugal; son parcours est de 200 kilomètres environ; il traverse les grandes plaines de Coïmbre et forme les ports de Figueïra et de Buarcos.

Il n'existe dans l'intérieur de la Péninsule ibérique aucune nappe d'eau considérable : le *lac d'Albuféra*, près de Valence, et le *Mar-Menor*, près de Carthagène, sont les seuls que l'on puisse citer. Le Portugal n'a point de lacs et ne possède que quelques canaux insignifiants; l'Espagne, outre des canaux d'irrigation bien entendus, compte environ 250 kilomètres de canaux navigables.

Les contours maritimes de la Péninsule ibérique n'offrent pas de profondes échancrures; on ne peut citer que le *golfe de Gascogne* ou *baie de Biscaye*, entre la France et l'Espagne; — les proéminences principales de ses côtes sont : le *cap Finistère*, en Galice, au N.-O. de l'Espagne; le *cap Saint-Vincent*, dans l'Algarve, au S.-O. du Portugal; le *cap Trafalgar*, au S.-O. de l'Espagne, et le cap *Roca*, dans l'Estramadure portugaise, remarquable parce qu'il est le plus occidental de tout le continent européen. — Parmi les ports qui favorisent le commerce péninsulaire, nous citerons, au nord : *Bilbao*, le *Ferrol*, et la *Corogne*, en Galice ; au sud : *Cadix*, le Gades des anciens, *Séville ; Gibraltar*, qui appartient aux Anglais, sur le détroit du même nom, au pied du mont Calpé, là où la Fable place une des colonnes d'Hercule ; *Malaga*, un peu à l'est ; *Carthagène* (Carthago nova), *Alicante, Valence, Barcelone*. Tous ces ports appartiennent à l'Espagne. *Lisbonne*, à l'embouchure du Tage, *Setubal, Oporto*, à l'embouchure du Duero, *Faro, Lagos*, dont le port fut creusé par les Carthaginois, et *Villa-Nova* desservent le commerce extérieur du Portugal.

Aucune île considérable, si ce n'est le groupe des *Baléares*, ne signale les eaux ou le voisinage des côtes de la Péninsule ibérique. La petite île de *Léon*, qui n'est séparée du continent que par le Rio Santi-Petri, bras de mer de 600 pieds de large, n'a d'importance particulière que par les villes de Cadix et de Saint-Ferdinand, qui s'y trouvent. Les côtes du Portugal n'offrent que des îlots ; les plus remarquables sont : le groupe des *Berlengas* (les Berlingues), dans l'Estramadure, et celui de *Faro*, dans les Algarves. Nous ne mentionnons pas ici l'archipel des *Açores*, qui appartient au Portugal, parce qu'il est trop éloigné du continent.

Le climat de la Péninsule ibérique est tempéré dans l'intérieur et sur les côtes de l'Océan, — très chaud et brûlant dans le royaume de Grenade et l'Andalousie. Le sol, généralement fertile et peu boisé, fournit, au nord, les productions de la France méridionale ; au midi, des vins liquoreux, des orangers, des citronniers, des lauriers gigantesques, le palmier nain, l'olivier, la canne à sucre, le cactus à cochenille, etc. Au nombre de ses principales productions était autrefois la laine de ses *mérinos*, qui avait le privilége presque exclusif de fournir aux différentes manufactures de

draps de l'Europe leurs plus riches approvisionne-
ments. L'Andalousie possède encore une des plus
belles races de chevaux qui existent. L'espace peu
étendu qu'occupe le Portugal autorise à supposer que
dans toutes ses parties il règne une température assez
uniforme ; mais l'inégalité du sol, la direction des
vallées, la proximité plus ou moins grande de l'Océan,
modifient considérablement le climat de ce royaume.
Un intervalle de quelques lieues suffit pour y passer de
la température de l'Allemagne à celle des côtes d'Afrique. Quoique assez bien arrosé ou du moins coupé
par un grand nombre de petites rivières, le Portugal
est exposé à de fréquentes sécheresses, surtout dans
les parties centrales ; les productions de son sol sont
néanmoins généralement de qualité supérieure et assez
semblables à celles d'Espagne.

Les habitants actuels de la Péninsule ibérique dé-
rivent de quatre sources principales : 1° les *indigènes*
ou *Ibères*, d'origine caucasique, bientôt confondus
avec les *Celtes*, peuples d'origine indo-germanique,
et qui, par cette fusion, formèrent ensemble la souche
celtibérienne, dont les Basques-Vascons ou Escual-
danac sont sans doute aujourd'hui le type le plus pur ;
— 2° les *Illyriens* ou *Thraco-Pélasges*, auxquels se
rapportent les Grecs et les Romains ; — 3° les Ger-
mains (Goths et Suèves) ; — 4° les Sémitiques (Arabes
et Maures). Mais depuis ce laps de temps, ces diffé-
rents types se sont si bien mêlés et confondus entre
eux, qu'aujourd'hui on ne peut établir dans la Péninsule que deux races bien distinctes : les Espagnols de
sang mêlé et les Basques restés purs de toute alliance
étrangère. Plus que dans toute autre contrée de l'Europe, on aperçoit aussi dans la Péninsule ibérique
des traces nombreuses de la *race nègre*, de la *race
cuivrée* d'Amérique et de la *race hindoue* désignée
en Espagne sous le nom de *gitanos*, et partout ailleurs sous celui de *bohémiens*.

CHAPITRE II

Les Phéniciens, les Carthaginois et les Romains.

(1,000 AV. J.-C. — 410 DE J.-C.)

Les Phéniciens furent les premiers qui établirent des colonies sur les côtes de la Péninsule ibérique : Tartessus s'éleva d'abord à l'embouchure du Bœtis; plus tard, ils fondèrent Gades, aujourd'hui Cadix. Ils faisaient sur ces côtes un commerce d'autant plus avantageux qu'il était inconnu des autres nations, et que les peuples avec lesquels ils trafiquaient ignoraient la valeur des métaux précieux dont ils disposaient. Diodore de Sicile assure que, dès leurs premiers voyages, les Phéniciens rapportèrent des quantités d'or et d'argent très considérables.

Malgré le mystère dont les Phéniciens entouraient leurs expéditions, elles finirent par s'ébruiter et attirèrent sur les côtes de l'Ibérie la concurrence des Grecs, qui, depuis l'expédition des Argonautes, s'étaient arrogé la prédominance sur tout le littoral de la Méditerranée. Dès qu'ils apprirent que de nouvelles côtes étaient à explorer, les Rhodiens, les Samiens, les Phocéens se dirigèrent à l'envi vers la Péninsule et y formèrent de nombreux établissements : *Rhodes* (Roses), *Ampurias*, dans la Catalogne, en sont encore des vestiges. Carthage, marchande et guerrière, mais surtout ambitieuse, ne pouvait abandonner indifféremment aux Phéniciens et aux Grecs l'exploitation des richesses de l'Ibérie. Ayant avec les premiers une commune origine, dont les liens s'étaient maintenus dans tous les temps par les effets d'une mutuelle assistance, elle fut attirée vers les côtes hispaniques par la colonie des Gaditains, qui avaient à redouter les attaques des indigènes (les Celtibères). Elle les secourut, mais elle substitua son influence à la leur.

La première guerre punique (264 avant J.-C.) avait forcé les Carthaginois à abandonner leurs principaux établissements de la Bétique ; mais lorsqu'elle eut cessé, Amilcar Barca vint avec des forces considérables les reconquérir et les accroître. Ses succès le portèrent dans l'Estramadure, le Portugal, et jusqu'en Catalogne, où il fonda une ville qui porte encore son nom : *Barcelone*. Asdrubal, frère d'Annibal, consolida encore ces conquêtes par une sage administration et fonda Carthagène. C'est sous la direction de cet habile chef qu'Annibal fit ses premières armes et se prépara à diriger les grandes luttes qui devaient bientôt mettre Rome à deux doigts de sa perte.

Irrités des conquêtes rapides des Carthaginois, les Celtibériens cherchèrent à s'en débarrasser, et pour mieux y parvenir ils réclamèrent l'assistance de Rome. Celle-ci offrit sa médiation, envoya des ambassadeurs à Carthage ; mais pendant ces négociations Annibal agissait : il combattait les Celtibériens, réduits à leurs propres forces, et les soumettait. En se dirigeant vers les Pyrénées, Annibal rencontra à Sagonte une résistance désespérée, héroïque : sans aucun secours de Rome, les Sagontins tinrent pendant huit mois les Carthaginois en échec devant leurs remparts. Tous les habitants périrent dans cette lutte, mais en se couvrant d'une gloire impérissable, et Rome n'a jamais pu se laver de la honte de n'avoir pas secouru cette alliée si dévouée !

La ruine de Sagonte stimula cependant le remords des sénateurs romains, et bientôt après s'ouvrit la seconde guerre punique (219 avant J.-C.). Annibal pénétra en Italie à la tête de 100,000 hommes, tandis que Cneius Scipion débarquait ses légions à Ampurias. Les Romains attaquèrent soudainement les Carthaginois et les défirent en plusieurs rencontres sur terre et sur mer. Ces succès inespérés décidèrent les deux Scipions, Cneius et Publius, à entreprendre la conquête de la Péninsule, en chassant des principales villes les Carthaginois qui s'y étaient fortifiés. Pendant sept années consécutives, la victoire ne fut pas un instant infidèle aux Scipions ; mais s'étant un peu trop reposés sur leurs succès, les Carthaginois les surprirent et dispersèrent leurs troupes ; eux-mêmes périrent en combattant, et, sans le courage d'un simple chevalier romain (Lucius Martius), Rome perdait tout en Espagne.

Envisageant d'un coup d'œil les pertes considérables que Rome allait éprouver si l'on ne réparait immédiatement les échecs subis, Lucius Martius rallie aussitôt les débris des légions, excite le courage des soldats, attaque inopinément les Carthaginois, et à son tour disperse leurs armées. Après cette victoire, Martius fut acclamé par les soldats propréteur d'Espagne ; mais le sénat ne voulut pas approuver cette élection et nomma un personnage consulaire, Claude Néron, préteur de l'Espagne. Celui-ci, connaissant mal le pays et craignant de se risquer, ne fit qu'exécuter des marches et des contre-marches pour surprendre les Carthaginois. Asdrubal annihila cette tactique, tantôt en se dérobant, tantôt en feignant de négocier pour évacuer la Péninsule. En présence de si stériles résultats, Rome ôta le commandement à Claude Néron, et le proposa à celui de ses généraux qui se croirait capable de réduire les Carthaginois. Personne ne se présentait pour accomplir un tel mandat, lorsqu'un jeune homme de 24 ans, Publius Cornelius Scipion, qui fut depuis surnommé *l'Africain*, s'offrit pour venger sa famille et la gloire des armes romaines. Le peuple applaudit à cette confiance juvénile, et le sénat la sanctionna.

Les Carthaginois avaient alors en Espagne trois armées et tenaient un grand nombre de places fortes.

Scipion ne se laisse pas effrayer par la grandeur de l'entreprise : il débarque à Tarragone, qui appartenait aux Romains, y organise une armée qu'il prépare à toutes les fatigues ; puis, de concert avec la flotte, sous les ordres de Lelius, ils se porte sur Carthagène, où étaient l'arsenal et le principal entrepôt des Carthaginois ; là se trouvaient aussi 130 navires de transport et 18 galères. Cette ville était alors presque entièrement entourée d'eau ; Scipion profite du retrait de la marée pour jeter du côté du port un tiers de son armée, tandis qu'un autre tiers entre résolûment dans un étang de peu de profondeur contigu à la ville, et le reste, du côté de terre, se porte à pas précipités vers les remparts. L'attaque de ces trois corps fut si soudaine que les Carthaginois n'eurent pas le temps de les repousser, et la ville tomba au pouvoir des Romains avec toutes ses richesses. Les Carthaginois furent réduits en esclavage et les Espagnols recouvrèrent leur liberté. C'est à Carthagène que Scipion se fit remarquer par sa continence envers une jeune et belle Espagnole que les soldats lui avaient amenée comme esclave.

L'année suivante (209 avant J.-C.), Asdrubal, feignant de vouloir réparer les échecs des Carthaginois, se porta sur Tarragone, où Scipion avait pris ses quartiers d'hiver, et lui offrit la bataille. Ce n'était qu'une feinte pour mieux déguiser le parti qu'il avait pris de franchir les Pyrénées, afin de joindre en Italie Annibal, son frère, jonction qu'il effectua de la manière la plus heureuse. Publius-Cornelius, dès lors sans rival, détruisit les restes de la domination carthaginoise par cinq années de victoires, et acheva la conquête de l'Espagne par les séductions d'une générosité que les peuples de la Péninsule n'avaient point encore vu pratiquer. Il acquit en outre à sa patrie l'amitié d'Indibilis et de Mandonius, chefs celtibères, jusque-là inflexibles ennemis du nom romain.

Scipion retourna à Rome, et Caton le remplaça avec peu de gloire. Indibilis et Mandonius levèrent l'étendard de la révolte : indignés des incessantes rapines des proconsuls et des préteurs, ces deux chefs excitent les Celtibères à reconquérir leur indépendance. Au nombre de 30,000, ils attaquent les Romains sur les frontières d'Aragon et de Valence; mais malheureusement ils furent battus, et leurs chefs périrent dans cette attaque. Dès ce moment, la pression des Romains sur la Péninsule devint chaque jour plus accablante : sous prétexte d'intimider ces peuples, les préteurs et les proconsuls redoublèrent leurs exactions et semèrent partout l'horreur du nom romain. Aussi, depuis la Catalogne jusque dans la Lusitanie régnait une sourde rumeur d'insurrection, que les vols, les meurtres, les infamies des Galba, des Lucullus, des Vetilius, des Philon, ravivaient sans cesse. Enfin, chez les Lusitaniens, poussés à bout par les exterminations de Galba, se lève un homme audacieux, énergique, dominé par l'amour de la patrie, qui résolut de délivrer la Péninsule de ses oppresseurs ; c'était VIRIATHÈS. Ce paysan patriote, devenu l'honneur de son pays, communique à ses amis, à ses voisins, l'ardeur qui l'anime, et bientôt, à la tête de 30,000 hommes, il taille en pièces les légions de Vetilius, qui lui-même fut ignoblement mis à mort par un des insurgés. Rome ne voulut pas rester sous le poids d'une défaite : après Vetilius, les préteurs Plautius, Unimanus, Nigidius, Lelius, vinrent successivement combattre le prétendu *chef de bandits*, car la guerre nationale que soutenaient alors les Lusitaniens s'appelait à Rome *la guerre des voleurs !* Tous ces préteurs furent défaits; le consul Fabius ne fut pas plus heureux (144 avant J.-C.), ni Cecilius Metellus, ni Servilianus, qui obtint de la générosité de Viriathès un traité de paix qui laissait la Lusitanie (le Portugal actuel) en dehors de la do-

mination romaine. L'année d'après, le consul Servi-
lius Cépion, au mépris de ce traité ratifié par le sénat, attaque Viriathès, et, ne pouvant le vaincre par
la force, il séduit deux des officiers du libérateur lusitanien, qui l'assassinent pendant qu'il reposait dans
sa tente !

L'année même de la mort de Viriathès, une partie
de la Celtibérie soumise par Metellus s'était soulevée
et avait trouvé assistance chez les Numantins. Aussitôt le consul Quintus Fulvius Nobilior investit Numance ; les habitants repoussent Fulvius, et, pour
prix de leur succès, lui demandent la paix. Elle leur
est refusée avec rudesse, et ils combattent avec une
nouvelle vigueur : quatre armées romaines et quatre
consuls sont successivement battus devant Numance,
qui demande toujours la paix, mais une paix honorable. Cependant Rome ne voulut point se départir
de sa féroce arrogance ; elle refusa opiniâtrément la
paix, et confia à Scipion Emilien, le destructeur de
Carthage, le soin de réduire Numance (134 av. J.-C.).

Avec 60,000 hommes, Scipion investit cette ville
que le sénat avait surnommée : *Terror imperii*. Les
Numantins n'avaient que 8,000 hommes à lui opposer : malgré cette infériorité, ils ne cessent de har-
celer les assiégeants, de les provoquer, de leur faire
même éprouver de cruelles pertes, jusqu'à ce que,
étroitement bloqués, manquant de vivres, ils se dé-
cident à demander une capitulation digne de leur
courage. Scipion ne voulut les admettre qu'à discrétion. Au lieu de se livrer à leur ennemi pieds et
poings liés, les braves Numantins se jettent dans le
camp romain et y font un horrible carnage : repoussés, ils se tuent entre eux, égorgent leurs femmes,
leurs enfants, incendient leurs maisons, et lorsque
Scipion osa pénétrer dans Numance, il ne trouva que
des cendres et des cadavres ! Aujourd'hui, à quatre
milles de Soria, non loin de la source du Douro, le

voyageur instruit va saluer les ruines de l'héroïque cité !

Ce sacrifice consommé, la Péninsule parut soumise et pacifiée, ou plutôt le désastre de Numance glaçait maintenant d'effroi les plus hardis. L'esprit d'insurrection n'était pas cependant éteint; les exactions des préteurs le ravivaient sans cesse. Au milieu des guerres civiles de Marius et de Sylla, le patriotisme des Celtibériens brille d'un nouvel éclat. Un grand nombre de proscrits des deux factions étaient venus tour à tour demander asile à l'Espagne : parmi ceux que Sylla avait bannis se trouvait Q. Sertorius, qui avait déjà servi dans la Péninsule en qualité de tribun des soldats. La douceur de son caractère l'avait fait estimer des habitants; exilé, il leur parut encore plus digne d'intérêt. Sertorius mit à profit ces dispositions pour exciter leur ressentiment contre l'oppresseur de Rome, et avec leur concours il résolut de battre en brèche le pouvoir de Sylla. En très peu de temps un grand nombre de villes se rangent sous la bannière de Sertorius, lui fournissent une armée et le mettent en état de repousser les armées de Sylla. Les plus habiles lieutenants du dictateur sont défaits; cent mille Romains périssent dans ces luttes, tandis que le pouvoir de Sertorius ne faisait que grandir.

A la mort de Sylla (79 ans av. J.-C.), l'Espagne aurait pu espérer de devenir une nation indépendante, si Rome n'avait jugé à propos d'y envoyer une nouvelle armée pour la soumettre. Pompée et Metellus, qui la commandaient, ne se montrèrent pas plus habiles que leurs devanciers; ils furent sans cesse harcelés par Sertorius et battus en toute rencontre. Aussi, ne pouvant triompher par la force, ces deux généraux ne dédaignèrent pas d'employer la main d'un traître pour arriver à leur but. Au milieu d'un festin public auquel assistait Sertorius, un de ses lieutenants, Perpenna, lui plongea son épée dans le cœur. Après ce meurtre odieux, Perpenna voulut continuer à diriger l'insurrection; mais, battu par Pompée, il paya de sa tête l'infamie de sa trahison.

Quelques villes restées fidèles à la cause de Sertorius et de la liberté furent saccagées par Pompée; de ce nombre : Uxama (aujourd'hui Osma) et surtout Calaguris (Calahorra), qui renouvela le sublime dévouement de Sagonte et de Numance. Alors seulement finit la *guerre sertorienne*, qui avait duré dix ans; alors aussi l'Espagne parut se soumettre au joug de Rome, et Pompée put se vanter d'avoir réduit 876 villes sous l'obéissance de la république.

A l'époque du premier triumvirat (54 ans av. J.-C.), qui partagea l'empire romain entre Crassus, César et Pompée, l'Espagne échut à ce dernier. Ne pouvant s'y rendre en personne, il délégua ses pouvoirs à trois lieutenants qui devaient administrer en son nom. Sous ce régime, l'Espagne fut relativement heureuse et tranquille; mais lorsque les ambitieuses rivalités de César et de Pompée eurent éclaté, une sourde rumeur pénètre dans toutes les provinces; on s'émeut, on s'agite, car César avait résolu de porter dans la Péninsule ses premières attaques contre Pompée. Les lieutenants de celui-ci s'opposent bravement au passage de César, lui livrent bataille aux environs de Mérida, et l'obligent à rétrograder; cette première victoire fut suivie d'une autre sur les bords de la Sègre; mais là se bornèrent leurs exploits. Les habiles manœuvres de César eurent bientôt dispersé les troupes pompéiennes, et Petreius, Varron. ainsi qu'Afranius, qui les commandaient, furent obligés de se mettre à la discrétion du vainqueur. La fatale journée de Pharsale, où périt Pompée, acheva de concentrer dans les mains de César l'empire du monde.

Cependant les deux fils de Pompée (Cneius et Sextus) n'avaient pas encore désespéré de leur cause. Ils passent en Espagne, rallient autour d'eux les anciens

partisans de leur père, et attaquent les troupes de César, tandis que celui-ci, à Rome, s'occupait de consolider son pouvoir. Dès qu'il apprend la situation difficile où se trouvaient ses lieutenants, César quitte la
capitale pour se porter là où le péril était imminent.
Sa présence suffit pour ranimer le courage de ses
troupes, retenir des alliés incertains et jeter la consternation chez ses ennemis. Les fils de Pompée osent
néanmoins tenir tête au conquérant du monde; ils lui
disputent chèrement la victoire; mais enfin acculés
eux et leurs partisans dans la ville de Munda, ils s'y
défendent avec rage, et les habitants, imitant leur
exemple, y renouvelèrent ces prodiges de dévouement
et d'héroïsme dont Sagonte, Numance et Calaguris,
avaient déjà donné de si éclatants exemples.

Quelque temps après ce désastre, Cneius Pompée
fut lâchement mis à mort par un de ses partisans; son
frère Sextus, au contraire, tint tête aux armées de
César, et, après le meurtre de celui-ci, le sénat, pour
pacifier l'Espagne, offrit à Sextus le commandement
général des flottes de la république, à condition qu'il
renoncerait à ses prétentions sur l'Espagne. Ainsi finit
cette fameuse guerre civile qui avait si longtemps ensanglanté la Péninsule.

Dans le second triumvirat (38 ans av. J.-C.) qui se
forma entre Octave, Antoine et Lépide, l'Espagne échut
à ce dernier; mais ses collègues, qui le méprisaient,
ne lui laissèrent que l'administration de l'Afrique; et
Octave (Auguste), étant bientôt devenu seul maître
de l'empire, s'empara de l'Espagne et la déclara à toujours province tributaire de Rome. Il la divisa en deux
parties : la Bétique fut placée sous les ordres immédiats de l'empereur, la Lusitanie sous la direction du
sénat. Dès ce moment, sagement administrée, l'Espagne s'avança rapidement dans la voie du progrès et
se façonna chaque jour davantage à la civilisation romaine: aussi dès ce moment peu d'événements re-

marquables, à l'exception des insurrections réprimées des Cantabres et des Astures, marquèrent-ils l'existence de la Péninsule. Ces deux insurrections furent les derniers efforts et les derniers soupirs de la liberté espagnole.

L'influence d'Auguste sur l'Espagne fut toute civile et sociale : il modifia le gouvernement politique qui y avait jusque-là prévalu ; il développa les institutions municipales, fit adopter partout la législation romaine ; il encouragea le commerce, l'agriculture, l'industrie, fit ouvrir de nouvelles voies, creuser des canaux, et mit toutes les grandes villes en communication directe entre elles. Ces sages mesures furent tantôt suivies, tantôt méconnues par les divers empereurs qui s'imposèrent à Rome ; mais pendant les quatre siècles qui s'écoulèrent, depuis Auguste jusqu'à Honorius, qui livra l'Espagne aux Visigoths, et durant lesquels des hommes de caractère et d'origine si divers se succédèrent, aucun événement majeur ne marqua dans la Péninsule, si ce n'est l'introduction du christianisme. Selon les uns, la foi nouvelle y aurait été apportée sous le règne de Claude (55 ans de J.-C.) par Jacques, fils de Zébédée, dit *Jacques le Majeur*, qui est devenu le patron de l'Espagne (1) ; d'autres assurent que ce fut saint Eugène qui, sous le règne de Domitien, y prêcha le premier la religion du Christ. Ce qu'il y a de certain, c'est que les chrétiens d'Espagne subirent leur première persécution sous l'empereur Septime Sévère (198 de J.-C.). Le druidisme, l'idolâtrie, le paganisme, religions des indigènes ou des divers conquérants, se maintinrent encore longtemps dans la Péninsule, surtout dans les régions éloignées des grands centres de population.

(1) L'ancien cri de guerre des Espagnols était : *Santiago Y sierra España!* La ville de Santiago de Galice a la prétention de posséder le corps entier de saint Jacques, qui lui serait parvenu d'une manière miraculeuse.

Si l'Espagne ne se ressentit que faiblement des grandes secousses que subit l'empire auquel ses destinées étaient liées, elle s'enrichit rapidement de toutes les magnificences de la civilisation romaine. Elle eut bientôt, comme la métropole, des temples, des cirques, des forums, des ponts, des colonnades, des aqueducs, des arcs de triomphe, etc., monuments splendides qui attestent la grande prospérité dont l'Espagne jouissait alors. On admire encore le pont d'Alcantara sur le Tage, de 670 pieds de long et surmonté d'un arc de triomphe; celui de Merida, de Tormès, le phare de la Corogne, la colonnade de Zalamea de la Serena, les aqueducs d'Alcantara, de Ségovie, de Merida, œuvres grandioses qui datent toutes de la période romaine. L'Espagne, à son tour, concourut, par le génie de quelques-uns de ses habitants, à rehausser la gloire du nom romain; six empereurs prirent naissance dans la Péninsule : Trajan, le modèle de tous les souverains de l'antiquité; Adrien, le protecteur éclairé des arts et des lettres; Marc-Aurèle, l'empereur philosophe; puis Théodose, Arcadius et Honorius. Parmi les savants et les poëtes dont Rome s'honore, l'Espagne revendique : le géographe Pomponius-Mela, l'érudit Turanius Gracilis, l'agronome Columelle, l'habile rhéteur Quintilien; le sévère Sénèque, précepteur de Néron; l'élégant et concis historien Florus; Martial, le poëte gracieux et facile, et le pompeux Lucain.

CHAPITRE III

Monarchie des Visigoths

(410-711 DE J.-C.)

Le règne d'Honorius (395-424 de J.-C.) fut l'époque la plus désastreuse de l'empire; avec Théodose, le monde romain avait repris une force qui tenait à la valeur propre de l'empereur ; sa main puissante avait reconstitué l'unité. Sous les successeurs de ce prince, trop faibles pour supporter un semblable poids, les défaites irréparables se multiplient, et les diverses parties du colosse se disjoignent. Tandis que Radagaise et Alaric, à la tête des Visigoths, l'attaquent au cœur, les Vandales, les Suèves et les Alains parcourent impunément les provinces et envahissent l'Espagne. Après la prise de Rome, Alaric se proposait de suivre la même voie, lorsque la mort vint l'empêcher de réaliser ce projet. Ataulfe, qui lui succéda, obtint la cession d'une partie de la Narbonnaise et toute la Tarragonaise, au delà des Pyrénées. Ce n'était pas une concession gratuite qu'on lui faisait, car, avant d'entrer en possession, il était obligé d'en chasser les barbares qui s'y étaient établis. Victorieux, il aurait pu exiger davantage ; mais il avait auprès de lui Placidie, sœur d'Honorius et fille de Théodose, qui avait été faite prisonnière à Rome, et dont il recherchait l'affection. Ataulfe ménagea le frère par égard pour la sœur : il évacua l'Italie, franchit les Alpes, et conduisit ses Visigoths dans la Narbonnaise et au delà des Pyrénées.

Les Romains, au commencement du Ve siècle, n'occupaient que la plus petite portion de la Péninsule. Les Suèves s'étaient établis en Galice et dans la Castille ; les Alains avaient fixé leur résidence dans la Lusitanie (Portugal) ; les Vandales s'étaient répandus dans la Bétique et imposèrent même leur nom à cette partie de l'Espagne qui, depuis, s'est appelée : *Vandalie*, *Vandalousie* et aujourd'hui *Andalousie*. Ataulfe se rua sur ces divers groupes de conquérants, et commençait déjà à les réduire lorsqu'un lâche assassinat l'empêcha de poursuivre ses conquêtes. Sigéric, qui lui succéda, ne régna que sept jours ; Wallia, beau-frère d'Ataulfe, au lieu de continuer la soumission des peuples qui se disputaient l'Espagne, passa en Afrique pour y combattre les Romains. C'est à Euric, septième roi des Visigoths (466-484), qu'appartient la gloire d'avoir soumis ou rallié à son autorité le plus grand nombre des barbares qui avaient envahi l'Espagne. A Euric revient aussi une autre gloire, celle d'avoir été le premier législateur de sa nation.

L'origine des Goths, des Suèves, des Alains, des Vandales est à peu près la même : tous ces peuples venaient des régions septentrionales de l'Europe, chassés de leur pays par la faim, et entraînés vers le midi par l'appât d'une existence plus douce, la soif des conquêtes ou du brigandage. Entre tous ces peuples, les Visigoths se montrèrent les moins cruels, les mieux disciplinés : ils obéissaient depuis longtemps à une famille antique et vénérée parmi eux, les Balthes, dont Alaric, Ataulfe et Euric furent les plus importantes personnifications. Mieux que leurs compétiteurs, les Visigoths se trouvaient donc en mesure de rallier sous leur autorité et les peuples envahisseurs et les races vaincues. Une seule circonstance les rendait odieux aux Romains et aux Ibères, qui formaient, au ve siècle, la plus grande partie des habitants de la Péninsule : les Visigoths, convertis au christianisme par Ulphilas, évêque schismatique, avaient adopté sans le savoir les erreurs d'Arius, c'est-à-dire qu'ils niaient la cosubstantialité de Jésus-Christ avec Dieu le Père, doctrine qui avait si fort irrité Athanase et le concile de Nicée, doctrine qui inspirait une horreur profonde aux évêques orthodoxes d'Espagne.

Les prédécesseurs d'Euric, toujours en campagne ou absorbés par les soins difficiles du gouvernement, n'avaient accordé aucune attention à cette subtilité théologique. Cependant, le clergé orthodoxe ne cessait d'invectiver les prêtres ariens ainsi que ceux qui partageaient leurs croyances : des rixes sanglantes sui-

vaient ordinairement les prédications, et une sourde
agitation était répandue dans tout le royaume. Pour
mettre un terme à ces dissensions, Euric exila les
plus fougueux polémistes des deux partis; mais cette
sage mesure ne fit qu'exciter le courroux des orthodoxes : ils se disaient martyrs ; partout ils répan-
daient le bruit que les mauvais jours annoncés par
les Ecritures étaient arrivés; qu'enfin, le paganisme
allait être bientôt triomphant!... C'est au milieu de
cette agitation que mourut Euric, laissant à son successeur toute l'Espagne et la Lusitanie, la Narbonnaise Iʳᵉ, les deux Aquitaines et la Novempopulanie :
la Loire et le Rhône formaient ainsi les limites ex-
trêmes de ses Etats, du côté des Burgondes.

Ce n'était pas sans frissonner de rage que Clovis,
déjà maître de tout le pays compris entre la Meuse et
la Seine, voyait s'accroître la puissance des Visigoths.
Il n'avait osé armer ni contre Théodoric, ni contre
Euric, auteurs de ces agrandissements ; mais, dès
qu'il vit le sceptre passer aux mains du jeune Alaric,
fils d'Euric, prince doux et pacifique, il n'hésita pas
à attaquer. Clovis venait d'embrasser le christianisme,
et, sollicité par le clergé d'abattre une puissance schis
matique, il voulut donner des preuves de la sincérité
de sa conversion : il envahit donc les Etats d'Alaric,
tailla en pièces l'armée des Visigoths aux environs
de Poitiers, et ayant rencontré Alaric sur le champ de
bataille, il le perça de sa main (506).

Alaric ne laissait qu'un fils légitime en bas âge
(Amalaric); Gésalich, son fils naturel, depuis longtemps initié au métier des armes, résolut de résister
aux Franks. Il lutta quelque temps avec des succès
incertains, mais à la fin il fut broyé par le héros de
Tolbiac, et la capitale des Visigoths dans la Septimanie (Toulouse) ouvrit ses portes au vainqueur. Alors,
pour conjurer la tempête que l'ambition des Franks
soulevait sans cesse, on résolut de demander la fille

de Clovis en mariage pour le jeune Amalaric ; elle était sœur de Thierry, Childebert, Clodomir et Clothaire, qui, depuis la mort de Clovis, régnaient dans la Gaule septentrionale. Cette union hâta la perte d'Amalaric : Clotilde était catholique, et son époux arien ; la mésintelligence régna bientôt entre eux ; Clotilde fut même maltraitée par Amalaric, et appela ses frères pour venger son injure. Childebert fut celui qui prit en main la défense de sa sœur. Il s'avance à marches forcées vers la Septimanie, et, ayant rencontré l'armée d'Amalaric non loin de Narbonne, sur les rives de l'Aude, il l'attaque et la taille en pièces ; le jeune roi périt lui-même dans l'action (531). Avec Amalaric s'éteignit la noble dynastie des Balthes qui avait régné 140 ans, et avec lui la royauté cessa d'être héréditaire chez les Visigoths.

Le système électif ne produisit tout d'abord que des effets désastreux : les trois successeurs immédiats d'Amalaric (Theudis, Theudisèle et Agila) périrent de mort violente sans avoir rien fait d'important pour la nation ; Athanalgide, qui vint après, essaya de soumettre l'Espagne entière sans y parvenir, et mourut paisiblement à Tolède (567). Il laissa deux filles, dont l'une, Gassuinde, épousa Chilpéric, roi de Soissons, et l'autre, la fameuse Brunehault, devint l'épouse de Sigebert, roi d'Austrasie. Ces alliances entre les Franks et les Goths étaient des espèces de contrats d'assurance mutuelle qui servaient à se garantir réciproquement l'indépendance de leurs Etats respectifs.

A la mort d'Athanalgide, les électeurs de l'Espagne proprement dite et ceux de la Septimanie ne purent s'entendre pour le choix d'un souverain, et la monarchie visigothe forma deux Etats séparés. Liuva (le Lion) gouverna la Septimanie, dont Narbonne était alors la capitale ; Leuvigilde fut choisi pour régir l'Espagne ultérieure, et fixa sa résidence à Tolède. Toutefois, le fractionnement de la monarchie visigothe ne dura que cinq ans; aussitôt après la mort de Liuva (572), Leuvigilde réunit sous son sceptre les deux parties démembrées du royaume. Il attaqua alors les Suèves retranchés dans la Galice et les rallia définitivement sous son autorité.

Leuvigilde avait deux fils : Hermenigilde, qui avait épousé Ingonde, fille de Brunehault et de Sigebert, catholique par conséquent, et Reccarède, qui avait épousé la fille d'un souverain d'Angleterre. Sous l'influence de sa femme, Hermenigilde essaya de protéger les orthodoxes, tentative qui jeta le trouble au sein de la famille royale. Ingonde fut maltraitée à cause de l'ascendant qu'elle exerçait sur son mari ; et Hermenigilde, qui s'était laissé convertir au catholicisme, périt lâchement assassiné au pied des autels. Reccarède contribua avec son père à contenir l'ambition des princes franks, et lorsque Leuvigilde mourut (586), le royaume des Visigoths avait atteint l'apogée de sa prospérité : il comprenait alors les provinces de France les plus rapprochées des Pyrénées, l'Espagne tout entière, à la réserve de quelques cantons que les empereurs d'Orient y possédaient encore, et une partie de la Mauritanie, aux environs de Tanger.

Un an après son avénement au trône, Reccarède forma le hardi projet de changer la religion de son royaume, d'abjurer l'arianisme, et de ne plus reconnaître dans ses Etats que la religion catholique. Des conférences sur cet important sujet furent ouvertes à Tolède, à Cordoue, à Valence, ainsi que dans plusieurs autres villes importantes, et, le 8 mai 589, un concile général fut réuni à Tolède. Le roi y parut, accompagné de son épouse Badda, et ensemble ils prononcèrent leur abjuration de l'arianisme; tous les assistants s'empressèrent d'adhérer au nouvel acte de foi et signèrent le formulaire contenu dans la proclamation royale.

A la nouvelle de cette apostasie, le clergé arien et

tous ceux qui avaient persisté dans le schisme s'élevèrent avec violence contre la détermination du roi. La Septimanie prit les armes, se déclara disjointe de la monarchie visigothe, et s'apprêtait à élire un nouveau souverain, lorsque les armées de Reccarède vinrent réprimer cet élan d'insurrection et soumettre cette province à une obéissance passive. En abjurant l'arianisme, ce prince avait surtout voulu rendre le clergé catholique favorable à ses desseins, qui étaient d'établir l'hérédité de la couronne dans sa famille. En effet, à la mort de Reccarède (601), Liuva, son fils, se présenta pour lui succéder ; mais Vittéric, personnage influent de la cour, souleva la noblesse contre Liuva, qui fut bientôt après assassiné, et lui-même, Vittéric, s'imposant à sa place, ne tarda pas à payer de sa tête la témérité qu'il avait eue. Gondemar, Sisebuth et Reccarède II furent élus par la noblesse et le clergé, mais ne conservèrent pas longtemps le pouvoir. L'élection se porta ensuite sur le second fils de Reccarède Ier, Swintila, qui s'était fait remarquer dans l'administration des provinces et la conduite des armées. Ce prince parvint à enlever aux empereurs d'Orient les provinces qu'ils possédaient encore dans la Péninsule et devint monarque de toute l'Espagne ; mais, ayant voulu rendre héréditaire la couronne dans sa famille, il fut précipité du trône. Sisenand, qui lui succéda (639), mit toute sa force dans l'élection, et rendit même un décret dans lequel il déclara que nul ne monterait sur le trône sans avoir obtenu le libre suffrage des grands et des évêques. Insuffisante précaution! Chindasvinte (642), qui lui succéda, non-seulement s'empara du trône sans avoir été élu, mais encore s'associa son fils aîné, Recesvinte, et malgré cette grave infraction aux lois de l'État, ces deux rois, le père et le fils, régnèrent paisiblement pendant vingt-trois ans.

Nous voici enfin arrivés au règne de Wamba (672),

de ce roi malgré lui, qui fut obligé de crier, le poignard sur la gorge : « Oui, je serai roi ! » Malgré cette violence, Wamba fut l'un des monarques les plus capables de la race visigothe. Il réduisit les Vascons et les Cantabres, qui s'étaient révoltés ; resserra les liens qui rattachaient la Septimanie à l'Espagne, et que des lieutenants rebelles avaient cherché à disjoindre ; enfin, il fut le premier des rois visigoths à comprendre l'esprit envahisseur de l'islamisme. Pour le combattre, il forma une milice spéciale destinée à surveiller les côtes. En même temps, il équipa une nombreuse flotte qui croisait dans le détroit, et qui eut plusieurs fois occasion de détruire des navires arabes armés en guerre. Le règne de Wamba paraissait devoir être couronné des plus heureux résultats, lorsqu'un ambitieux, Ervige, appartenant à la famille de Chindasvinte, pénètre dans le palais, force Wamba à prendre un breuvage empoisonné qui annihila toutes ses facultés ; aussi ce malheureux prince fut-il obligé de se retirer dans un cloître, tandis que son assassin ceignait la couronne. Tout indigne qu'il était, Ervige fit sanctionner son usurpation par le clergé, et, ne voulant rien devoir à l'élection, il désigna lui-même Egica, son gendre, pour lui succéder. Celui-ci employa les premières années de son règne à repousser les irruptions réitérées des Franks dans la Septimanie, et se fit ensuite assister de son fils Witiza dans l'administration du royaume, afin d'habituer le peuple à le reconnaître pour roi.

Appelé à régner seul, l'an 700, Witiza n'usa de son pouvoir que pour satisfaire ses goûts dépravés. Non content d'entretenir publiquement des concubines qu'il traitait en reines, il engageait ses courtisans à imiter son exemple et à prostituer leurs propres épouses. La dépravation de ce prince et sa tyrannie excitèrent le mécontentement de la nation ; un concile, provoqué par les principaux évêques, déposa Witiza et nomma à sa place Roderic, fils de Théodefrède, duc de Cordoue (710). Mais, à peine élevé au rang suprême, Roderic commit les mêmes excès que son prédécesseur, et, tout à ses plaisirs, il fit regretter bientôt le tyran capricieux dont il avait pris la place. Les fils de Witiza, secondés de leur oncle Oppas, archevêque de Séville, et excités par le mécontentement public, préparaient dans le midi de l'Espagne une insurrection terrible, lorsque les sectateurs de Mahomet, déployant leur étendard sur les tours de Cadix, vinrent renverser d'un souffle la monarchie oscillante et décrépite des Visigoths (712).

L'invasion des Visigoths en Espagne et leur prépondérance dans ce pays pendant trois siècles y exercèrent une salutaire influence. Ces peuples du Nord, simples, robustes, austères dans leurs mœurs, nouvellement convertis au christianisme, sincèrement attachés à la foi nouvelle qu'ils avaient embrassée, arrêtèrent la dépravation morale que la vieille civilisation romaine répandait sur tous les points où elle dominait. Rigides observateurs des préceptes du christianisme, quoique ariens ou schismatiques, les Visigoths forcèrent, par leur exemple, les néo-chrétiens d'Espagne à pratiquer avec exactitude les prescriptions de leur culte; — vivant sans faste, se bornant à satisfaire leurs plus urgentes nécessités, ils arrêtèrent l'épuisement de la Péninsule, que la cupidité insatiable des préteurs de Rome tendait chaque jour à consommer; — enfin, par leurs alliances avec les familles celtibériennes, ils régénérèrent ce sang appauvri et donnèrent une nouvelle vigueur aux divers groupes de population. Telle est la part d'action que les Visigoths exercèrent sur la civilisation de la Péninsule; ils auraient pu l'étendre encore davantage s'ils avaient été plus éclairés, s'ils avaient conservé la pureté de leurs mœurs primitives; si, après l'extinction de la ynastie des Balthes, ils avaient continué à maintenir le pouvoir héréditaire, au lieu de courir les chances de l'élection, qui, trop souvent, n'amenèrent que l'usurpation. Sous l'influence de la douceur énervante du climat de la Péninsule, et bercés par les charmes d'une longue paix, les Visigoths perdirent leurs habitudes guerrières, ils s'adonnèrent à la mollesse et finirent par être incapables de se défendre.

Nous allons maintenant jeter un coup d'œil rapide sur les institutions civiles, politiques et religieuses des Visigoths ; cet examen nous permettra de mieux faire ressortir les causes qui contribuèrent à établir leur domination et à précipiter leur décadence.

La monarchie militaire des premiers Visigoths s'établit en Espagne telle qu'elle avait été constituée sur les bords du Danube. Le peuple était une armée ; le pays, un camp ; le roi, un chef de guerre. Trois divisions hiérarchiques : la *dixenie*, composée de dix chefs de famille ; la *centenie*, de cent ; la *quingenie*, de cinq cents, classaient toute la population conquérante. Au-dessus de ces trois divisions s'élevait la *réunion nationale* commençant aux chefs libres des dixenies, et finissant au chef suprême, le roi. Les mêmes limites qui bornaient le pouvoir des simples dizeniers entouraient l'autorité royale. Le chef de toutes les familles ne pouvait rien entreprendre d'important sans avoir demandé l'avis de ceux qui marchaient à leur tête. Après le roi, la première dignité chez les Visigoths était celle des *ducs* ou chefs, puis des *comtes*. Ces deux charges étaient à la fois civiles et militaires ; les ducs gouvernaient les provinces, commandaient les armées, ayant sous leurs ordres plusieurs comtes. La plus distinguée des charges subalternes était celle du *tiuphade*, qui, inférieur au comte, présidait dans les tribunaux, et dans l'armée commandait à 2,000 hommes. Dans les affaires civiles, le tiuphade exerçait sur les bourgs et les communes une partie de l'autorité que les comtes avaient sur les villes, et les ducs sur les provinces.

Durant les premières années de la monarchie visigothe, le pouvoir législatif était confié au roi, assisté de la *réunion nationale* ; mais insensiblement le clergé, bien supérieur en lumières au reste de la nation, prit un ascendant marqué sur le roi, les grands et le peuple, et s'arrogea le privilége à peu près exclusif de confectionner les lois. Depuis Reccarède, la prédominance politique des évêques dans la monarchie des Visigoths est un fait évident par toute son histoire. *Les conciles de Tolède font les rois et les lois* fut longtemps un dicton populaire en Espagne. Or, les principaux membres de ces conciles étaient les évêques. Les chefs laïques qui y assistent et délibèrent sont peu nombreux, les signatures apposées aux canons des conciles le prouvent. Les phrases qui s'y rencontrent parfois : *cum toto populo, populo assistente,* sont des formules qui rendent une sorte d'hommage à des faits anciens plutôt qu'à des faits présents et réels. La prédominance des évêques n'est pas renfermée dans le concile : l'inspection des fonctionnaires et des juges locaux leur est également confiée, et ils ont le pouvoir de réformer provisoirement les jugements qu'ils désapprouvent. Sous l'influence des conciles et des évêques, la puissance des rois visigoths se trouva amoindrie, les mœurs guerrières disparurent, et la nation perdit une portion notable de son énergie.

Ces conciles de Tolède, où les usurpateurs venaient se faire élire, et qui donnèrent aux Visigoths un code (1) tout entier, ont exercé en fait, sur les grands

-----

(1) Le code des Visigoths, commencé par Euric, amendé et augmenté par Alaric II, Leuvigilde, Chindasvinde, etc.. est principalement tiré du *Code Théodosien,* des *Novelles* de Théodose, de Valentinien, de Marcien, de Majorien et de Sévère; des *Institutes de Gaïus;* des *Receptæ Sententiæ*

événements de cette époque, en Espagne, moins d'influence que n'en eurent en France les *Champs de Mars* ou *de Mai*. Les conciles tenaient la place des anciennes assemblées germaniques, mais sans les remplir, car ils n'en possédaient pas la force brutale et n'étaient pas en état d'y substituer une force régulière suffisante. L'Espagne leur dut néanmoins une législation beaucoup meilleure que celle des autres peuples barbares, et probablement aussi, dans la pratique journalière, une administration de la justice plus éclairée et plus humaine; mais elle eut à supporter le despotisme théocratique, le pire de tous, car il énerve les cœurs, fait sans cesse planer la crainte sur les populations, et par ses subtiles exigences dispose les esprits à une continuelle hypocrisie.

Le code des Visigoths réserva toutes ses rigueurs pour les juifs, qui, depuis le sac de Jérusalem et leur dispersion, s'étaient portés en grand nombre dans la Péninsule. Il leur fut interdit d'accomplir aucun des rites de leur culte, de circoncire leurs enfants, d'épouser une parente jusqu'au sixième degré, sous peine d'être lapidés et brûlés vifs; un Israélite ne pouvait ni accuser un chrétien, ni témoigner contre lui, ni posséder des esclaves chrétiens sans encourir la peine capitale. Tout chrétien qui embrassait le judaïsme était passible du même châtiment, et ses biens étaient confisqués; s'il s'unissait à une juive, ses enfants

de Paul; du *Code Hermogénien,* et des *Responsorum* de Papinien. A ces extraits on a ajouté : les lois rendues par les rois visigoths seuls, et celles adoptées dans les conciles généraux de Tolède. Toutes ces lois, rassemblées, revues et coordonnées, furent sanctionnées pour la dernière fois dans le xvıe concile de Tolède par les ordres du roi Egica (687-701). Tel est le composé du corps de lois des Visigoths, qui, sous le nom de *Forum Judicum* ou *Fuero Juzgo,* a longtemps régi la Péninsule et prend encore place, dans sa législation, à côté du Code dit de *Las Siete Partidas,* publié, en 1348, par Alphonse XI, roi de Castille. Le *Forum Judicum* a été réimprimé en 1815, à Madrid.

devenaient esclaves. On ne peut concevoir rien de plus tyrannique, si ce n'est les dispositions qui régissaient l'esclavage. L'esclave était une chose et non une personne; le maître pouvait le châtier à son gré, recueillir le fruit de son travail et disposer souverainement de son corps; — si l'esclave venait à s'échapper, tout le monde devait courir sus après le fugitif, sous peine de 200 coups de fouet. Au reste, cette dégradation si humiliante et si dure menaçait sans cesse la population libre; car la législation, dans un grand nombre de cas, infligeait l'esclavage comme pénalité.

Durant les trois siècles de la domination des Visigoths en Espagne, ni les sciences, ni les arts, ni la littérature, n'y furent en honneur. Ces peuples à demi ébauchés laissèrent insensiblement disparaître toutes les traditions de l'art romain et n'y substituèrent rien de leur cru. Les rares débris de monuments, de tombeaux appartenant à cette fatale époque et qui sont parvenus jusqu'à nous, attestent chez les artistes une grande maladresse et l'ignorance la plus complète des procédés: les inscriptions sont incorrectes et à peine lisibles, les sculptures et les bas-reliefs, informes; enfin les monnaies offrent les traces de la barbarie la plus abjecte. Le clergé, surtout le clergé orthodoxe, avait gardé presque exclusivement pour lui l'usage des principaux monuments de la littérature et de la science des Romains; nous l'avons vu, aidé de ces précieux jalons, largement coopérer à la confection des lois; ils s'en servirent encore pour la culture de la poésie; chez les poëtes visigoths cependant les principales inspirations sont empruntées aux sources chrétiennes, mais on saisit dans leurs œuvres l'espèce de transaction qui va s'opérer dans la littérature: tous les types restent les mêmes, seulement le Christ et les saints y prennent place à côté des muses et de Jupiter. Parmi ces poëtes un seul s'élève au-dessus des sentiers battus: c'est le roi Sisebuth, qui régna de 612 à 620, et qui est considéré comme l'auteur d'un petit poëme sur les éclipses de soleil et de lune.

L'agriculture fut la seule science à l'exercice de laquelle les Visigoths s'adonnèrent avec ardeur et qu'ils entourèrent d'une grande protection. Tous les dégâts causés par des tiers aux champs, aux vignes, aux prairies, aux jardins, sont minutieusement prévus, et la compensation établie pour chaque cas. La destruction d'un arbre à fruits est estimée à trois sols ; celle d'un olivier, à cinq sols ; le bris des haies et clôtures est évalué au quadruple de la récolte que le champ clos aurait pu rapporter. La sollicitude des législateurs visigoths pour les animaux employés à l'agriculture n'est pas moins remarquable : détacher un cheval au pâturage ou lui ôter ses entraves, un sol d'amende ; le faire courir à l'insu du maître, un sol pour dix milles ; couper la crinière d'un cheval ou la queue, faire avorter des cavales, occasionner des blessures aux animaux de trait, etc., tous ces actes entraînaient le remplacement de l'animal et une amende de cinq sols pour l'homme libre, ou bien cinquante coups de fouet pour l'esclave.

Tels sont les principaux caractères de la civilisation que les hommes du Nord imposèrent à la Péninsule. Cette civilisation est rude, grossière ; mais il eût été difficile de trouver mieux alors dans aucun autre État de l'Europe.

CHAPITRE IV

Invasion et domination des Arabes. — Formation des Principautés chrétiennes

(710 DE J.-C. — 1238)

Alamlah! Alamlah! (le combat! le combat!), *Algiannah! Algiannah!* (le paradis! le paradis!), tel est le cri de guerre qui, du mont Calpé aux Pyrénées, a tout à coup retenti dans la Péninsule ; cri terrible, qui glace d'effroi ses malheureux habitants. Les guerriers qui le profèrent ont un aspect étrange, barbare ; leur teint est basané ; leurs manteaux, blancs comme la neige, rendent encore plus sombre la couleur de leur visage ; les coursiers qui les entraînent sont rapides comme le vent ; leur armure est gigantesque ; les instruments de musique qui les excitent au combat font entendre des sons affreux ; dans les villes, sur les champs de bataille, leurs attaques sont soudaines, fatales ; nulle merci pour les vaincus, nulle pitié pour les femmes, les vieillards et les enfants ; la mort ou l'esclavage, voilà le sort commun ! C'est ainsi qu'apparut l'invasion arabe en Espagne ; c'est ainsi qu'elle se montra violente, inexorable, pendant les cinq années que l'islamisme employa à conquérir la Péninsule. L'effroi que cette invasion jeta parmi ces populations visigothes, calmes, inoffensives, accoutumées aux douceurs d'une longue paix, fut si grand, qu'il s'est perpétué de génération en génération, et, plusieurs siècles après, les chroniqueurs traduisaient le cri de guerre des Arabes en ces épouvantables paroles :

> Alarma ! alarma !
> Sonaban sus pifanos y atambores ;
> Guerra ! fuego ! sangre !
> Dicen sus espantosos clamores (1) !

Une seule bataille, livrée sur les rives du Guadalète, avait suffi pour précipiter la monarchie des Visigoths ; Roderic, le dernier de leurs rois, y périt les armes à la main ; d'autres disent qu'il se sauva dans les montagnes des Asturies. N'importe ; dès 711, la

---

(1) Leurs clairons et leurs tambours répandent partout l'alarme et la terreur ; guerre ! feu ! sang ! sont leurs horribles clameurs !

Péninsule commençait à reconnaître la puissance des musulmans; et, cinq ans après, elle leur était entièrement soumise. Trois généraux arabes avaient concouru à cette conquête : Tarik, Moussa et Abd-el-Asiz. L'ambition des musulmans se porta ensuite au delà des Pyrénées : la Gaule narbonnaise leur demeura soumise pendant un demi-siècle, et, sans l'énergie de Charles-Martel, ils se seraient établis au centre de la France. Façonnée à la servitude par la domination successive des Romains et des Visigoths, l'Espagne accepta sans trop de résistance ni d'aversion le joug des nouveaux venus, et les nombreuses tribus arabes qui affluèrent dans la Péninsule contribuèrent à modifier le caractère primitif de ses habitants. Voici comment se répartit le flot des envahisseurs : les contingents de Damas s'établirent à Cordoue, ceux d'Emèse à Séville, ceux de Chalcis à Jaën, ceux de Palestine à Algésiras et à Medina-Sidonia; les naturels de l'Arabie-Heureuse et de la Perse se dispersèrent dans les environs de Tolède et dans les contrées intérieures; les cavaliers de Syrie et d'Yrack, issus des plus nobles familles de l'Arabie, se partagèrent les provinces de Grenade; enfin, Abd-el-Asiz, avec ses Africains, occupa la Lusitanie.

Ces populations, d'origine si diverse, étaient placées sous la direction d'un émir, lieutenant des *walis* d'Afrique, qui relevaient à leur tour des khalifes de Damas. On conçoit sans peine qu'une autorité ainsi déléguée, et dont la source se trouvait à de si grandes distances, était impuissante à maintenir dans le devoir des hommes habitués à la licence des camps et tourmentés par d'ardentes passions. Aussi, pendant les quarante-six ans que dura le gouvernement des émirs, compte-t-on vingt-quatre titulaires, qui furent destitués tantôt par les walis d'Afrique, tantôt par les khalifes de Damas, et qui, très souvent aussi, furent assassinés par leurs propres subordonnés. Les émirs avaient sous leurs ordres, dans chaque province, des *wasirs* (lieutenants), et les villes étaient placées sous l'autorité d'un *alkayde* (commandant). Chacun de ces officiers, dans le cercle de sa juridiction, comme le khalife sur son trône, était investi à la fois de tous les pouvoirs sociaux, dont les Arabes ne firent jamais la distinction en théorie, ni la division en pratique. Ils étaient à la fois commandants de troupes, administrateurs civils, receveurs des impôts et juges souverains, rendant sans procédure des jugements sans appel. Sous le gouvernement des émirs, les possessions des musulmans en Europe furent divisées en cinq provinces, qui portaient le nom de leur capitale respective : *Korthoba* (Cordoue), *Tolaïtola* (Tolède), *Mereda* (Murcie), *Sarkosta* (Saragosse), *Arbounâh* (Narbonne), capitale de la province en deçà des Pyrénées.

Avant de faire un pas de plus dans cette période si hérissée d'incidents inattendus, de révolutions inextricables, d'annexions et de ruptures si surprenantes, nous éprouvons le besoin de dire à nos lecteurs que, dans un cadre aussi restreint que le nôtre, il est impossible de raconter, même succinctement, la multitude d'événements qui s'accomplirent durant les sept siècles de la domination arabe. On le concevra sans peine : aussitôt après l'invasion, un grand nombre de chrétiens se réfugièrent dans les Asturies, en Navarre ou en Biscaye, et parvinrent, à force de courage et de persévérance, à organiser six royaumes indépendants, qui luttèrent avec énergie contre les musulmans et finirent par les vaincre. De leur côté, les musulmans, rompant l'unité formée par les émirs et les khalifes, se fractionnèrent et finirent par constituer douze royaumes indépendants. Plusieurs volumes ne suffiraient pas pour expliquer ce double mouvement en sens divers ; nous nous bornerons donc à indiquer les principaux événements par de simples dates que nous éclairerons de notre mieux, en commençant par ce qui concerne les Arabes.

La domination des Arabes en Espagne peut se diviser en quatre périodes bien distinctes : 1° le gouvernement des émirs, lieutenants des khalifes de Damas, qui se maintient de l'an 710 après J.-C. à 756 ; — 2° le khalifat de Cordoue, exercé par les descendants des Ommiades, de 757 à 1031 ; — 3° après la chute des Ommiades, la formation de douze principautés indépendantes, qui furent absorbées en partie par les princes chrétiens, secourues et asservies par les Almoravides et les Almohades d'Afrique, et qui se maintinrent, plus ou moins intactes, de 1031 à 1238 ; — 4° enfin, le royaume de Grenade, qui conserva son indépendance longtemps après tous les autres États musulmans d'Espagne, de 1239 à 1492. Nous allons successivement aborder l'historique des trois premières périodes, réservant la quatrième pour le chapitre suivant.

L'autorité si précaire des émirs en Espagne décida les principaux *walis*, gouverneurs de province, à s'affranchir du joug que les khalifes de Damas avaient jusque-là imposé à leur chef immédiat. Ils résolurent de placer à leur tête un personnage indépendant, auquel ils donneraient le titre de *khalife*. Pour mettre à exécution leur projet, ils profitèrent d'une révolution politique survenue à Damas. Depuis la mort de Mahomet, les Ommiades, parents du prophète par Ommiah, cousin germain de l'aïeul de Mahomet, avaient formé la première dynastie des khalifes ; ils exerçaient paisiblement le pouvoir à Damas, lorsque la jalousie des Abbassides, autres parents de Mahomet par Abbas, oncle du prophète, suscitèrent de violentes inimitiés aux Ommiades ; ils soulevèrent le peuple, et, l'entraînant dans le palais des khalifes, ils sacrifièrent toute la famille à leur fureur. Un seul Ommiade s'échappa du massacre et vint se réfugier chez les Berbères du

Mâhgreb (l'Algérie actuelle) ; c'était Abd-el-Râhman,
fils de Hirrem, dernier khalife ommiade de Damas.
Dès qu'ils apprirent l'arrivée du jeune proscrit en
Afrique, les walis d'Espagne lui envoyèrent une députation pour lui offrir la soumission des principales
villes de l'Andalousie, et pour le supplier de se mettre
à leur tête. Abd-el-Râhman accepta leurs offres avec
empressement, et en débarquant à Almuñecar (755),
il se vit environné d'une armée de 20,000 hommes;
Séville lui ouvrit ses portes ; puis, marchant sur Cordoue, il battit l'émir Youssouf, qui prétendait gouverner au nom des Abbassides, et le contraignit à reconnaître son autorité comme légitime successeur des
·khalifes ommiades.

En apprenant les étonnants succès d'Abd-el-Râhman,
les Abbassides ne cessèrent, de leur nouvelle résidence de Bagdad, de lui susciter des ennemis : ce fut
en vain; Abd-el-Râhman triompha de tous les obstacles. Charlemagne lui-même, à la sollicitation de
quelques walis mécontents et des chrétiens des frontières, tenta contre lui une expédition; mais l'empereur des Franks ne dépassa pas Saragosse, et, à son
retour, il perdit une partie de son armée dans les
gorges de Roncevaux. Victorieux dans toutes ses entreprises, Abd-el-Râhman mourut (788), emportant
les regrets de tous ses sujets, chrétiens et musulmans,
car il avait répondu à l'attente de tous : il avait
apaisé les dissensions intestines; il avait assis le pouvoir sur des bases solides, et, en constituant l'unité,
il avait donné à l'Espagne une existence indépendante qui aurait pu assurer le bonheur de ses habitants, sans les intrigues incessantes de tous ceux qui
étaient le plus intéressés au bon ordre et au maintien
de l'islamisme.

Aussitôt après la mort d'Abd-el-Râhman, son fils
Hescham, qu'il avait choisi pour lui succéder, fut
assailli par ses deux frères, Suleïman et Abdallah,

qui, jaloux de son élévation, entraînèrent la défection de plusieurs gouverneurs et lui suscitèrent, par leurs attaques soudaines, des appréhensions continuelles. Hescham ne travailla pas moins avec ardeur à l'embellissement de la capitale et à créer dans toutes les parties de son empire des institutions utiles. Al-Hakem, son fils et son successeur, fut toujours ballotté entre la guerre civile et la guerre étrangère ; tandis que les Franko-Aquitains s'emparaient de Barcelone (802) et y formaient le centre de la Marche de Gothie, les Cordouans se disposaient à ôter la vie au khalife, événement qu'il prévint en faisant abattre en une seule nuit 800 têtes de conjurés ! Désormais, pour mieux être en mesure de repousser les ennemis du dedans et ceux du dehors, Al-Hakem partagea le trône avec son fils, qui régna bientôt après sous le nom d'Abd-el-Râhman II, et ensemble ils eurent à repousser les incursions des pirates normands, les attaques des chrétiens des Asturies, et à réprimer l'insurrection de deux villes importantes du khalifat : Merida et Tolède. Malgré ces nuages, la gloire des khalifes de Cordoue s'était si bien répandue dans toute l'Europe que les empereurs d'Orient et les princes d'Italie venaient fréquemment réclamer leur concours.

Mohammed, fils d'Abd-el-Râhman, monta sur le trône en 852 et signala son avénement par une persécution contre les chrétiens de l'intérieur, parce qu'ils déversaient publiquement le blâme et la moquerie sur les sectateurs de Mahomet ; puis il dirigea avec assez de succès une guerre sainte contre la Septimanie et la Marche de Gothie ; enfin il comprima les insurrections de Saragosse et de Tolède, toujours prêtes à se former au moindre trouble. Durant le règne de Mohammed apparut un bandit politique, Hassoûn, qui est devenu célèbre par la longue résistance qu'il opposa aux forces organisées des khalifes, et parce qu'il a été le premier type de ces *agraviados*, mécontents qui, à toutes les époques, ont ensanglanté la Péninsule par leurs prises d'armes imprévues. S'appuyant tantôt sur les chrétiens du khalifat, tantôt sur les Navarrais ou les Basques indépendants, Hassoûn, ou ses fils, était parvenu à avoir accès dans 200 châteaux forts, et à braver de là les armées des khalifes ; pendant vingt-cinq ans, il tint leur puissance en échec, et ne consentit à mettre bas les armes qu'en échange d'une principauté.

Hassoûn contribua, pour une large part, à ébranler la puissance des khalifes et à réchauffer l'esprit d'insurrection qui n'était, hélas ! que trop excité par le mauvais système politique du khalifat. Aucune disposition ne réglait la succession au trône ; le caprice du monarque mourant était la seule loi, et l'insurrection le seul contrôle aux erreurs de cette volonté. Chose étrange ! c'était précisément dans le palais des khalifes que se trouvait le principal germe des révoltes : grâce à la polygamie, chaque monarque, en mourant, laissait un nombre considérable d'héritiers occupant tous des emplois élevés à la cour, dans la magistrature, à l'armée ou dans le gouvernement des provinces ; et comme la transmission du pouvoir ne s'opérait pas par ordre de primogéniture, il en résultait que le choix, quel qu'il fût, indisposait toujours quelques-uns des nombreux princes déshérités. Voilà pourquoi les insurrections étaient si fréquentes dans la Péninsule et y prenaient des proportions si considérables.

En 912, le choix capricieux du successeur au trône amena le plus heureux résultat ; cette fois, le monarque mourant ne le prit pas parmi ses fils, mais bien parmi ses petits-fils, et son choix s'arrêta sur un jeune homme de vingt-deux ans, doué des plus heureuses qualités, et sympathique à tous ; il adopta le nom d'Abd-el-Rahman III. Ce prince, qui régna cinquante-neuf ans, répandit dans toutes les provinces l'abondance et la prospérité; il apaisa les insurrections au dedans, maintint la paix au dehors; fit fleurir les sciences et les arts, donna au commerce une extension inouïe jusque-là; il imposa à ses ennemis plutôt par la bonne tenue de son armée que par ses conquêtes, et il se vit proclamé roi du Màhgreb sur les ruines des Edrisites; enfin Cordoue et la plupart des villes de l'empire doivent à Abd-el-Râhman leurs principaux embellissements. Aussi, lorsque ce prince mourut, une vague terreur s'empara du peuple, et dans les rues on entendait, au milieu des sanglots, éclater ces plaintes naïves : « No-» tre père est mort et avec lui l'épée de l'islam, le sou-» tien des faibles et l'effroi des superbes ! » C'est qu'en effet l'empire de Cordoue était arrivé avec Abd-el-Râhman à l'apogée de sa puissance, et qu'il ne devait plus tendre qu'à décliner.

Al-Hakem, fils d'Abd-el-Râhman, lui succéda en 961, et n'apporta sur le trône qu'un goût excessif pour les sciences et les lettres; il nomma un *hadjeb* (lieutenant) pour la conduite générale des affaires, et transforma son palais de Médina-al-Zarah en une vaste académie, où les savants de toutes les parties du monde venaient, sous sa présidence, discuter sur des points importants d'histoire ou de littérature. Al-Hakem détruisait ainsi les heureux résultats que l'active sollicitude de son père avait obtenus dans toutes les branches de l'administration, et sa mort, survenue en 976, ne fit que précipiter la décadence de l'empire. Un enfant de dix ans, Hischem II, fut appelé à recueillir cette difficile succession : il aurait inévitablement succombé, si la sultane Sobeïa, sa mère, ne lui avait donné pour tuteur et premier ministre un homme élevé à la cour depuis sa plus tendre enfance, et, quoique jeune, rompu aux affaires; politique consommé, général habile, et adroit à captiver tous ceux qui l'approchaient; c'était : Mohammed-ben-Abd-Allah-ben-Abi-Amer-el-Moaferi, surnommé *Al-Man-*

zoûr (le victorieux), à cause des nombreuses victoires qu'il remporta.

Al-Manzoûr laissa s'hébéter dans l'ignorance et les voluptés précoces le jeune Hischem ; mais il se réserva pour lui toutes les charges du pouvoir, tous les soucis du commandement; et, pendant vingt-cinq ans qu'il occupa le rang suprême, il ne faillit pas un seul jour aux exigences de sa position. Par de fréquentes expéditions, il contenait les princes chrétiens dans les limites de leurs Etats ; par de continuels voyages, il surveillait tous les détails de l'administration ; et tout le monde, au dedans et au dehors, respectait et craignait le khalife de Cordoue. Les succès obtenus par Al-Manzoûr contre les princes chrétiens, presque toujours désunis, les avaient réduits à la dernière extrémité; il voulut en finir et les abattre. Dans ce but, il lève une armée formidable et la dirige vers le Duero. Le comte de Castille, les rois d'Aragon et de Navarre, ont compris que cette bataille va décider de leur sort, et au lieu de combattre séparément, comme ils l'avaient presque toujours fait jusque-là, ils réunissent leurs forces en une seule armée, et marchent résolûment au-devant dés Arabes. Ils les rencontrèrent à Calat-Añozor, village de la Castille; le choc fut terrible, et le combat dura toute la journée. « Les chrétiens se battirent comme » des loups affamés, » disent les chroniques; et le soir, lorsque Al-Manzoûr appela dans sa tente ses divers généraux, presque aucun ne répondit à son ordre : ils étaient étendus morts sur le champ de bataille ! Alors seulement il sentit la grandeur de sa perte ; il avait lui-même reçu plusieurs blessures ; mais la plus grave était d'avoir été vaincu ! Il refusa de prendre aucune nourriture, ne voulut pas que l'on pansât ses blessures, et mourut peu de jours après (1er juillet 1002).

La défaite et la mort d'Al-Manzoûr eurent un grand retentissement chez les chrétiens et les musulmans : les uns accueillirent cette nouvelle comme un présage de leur prochaine délivrance; les autres acceptèrent cette défaite et cette mort comme un châtiment céleste qui s'appesantissait sur l'islam ! En effet, avec Al-Manzoûr, la dynastie des Ommiades disparaît complétement de la scène politique ; elle a bien à fournir encore quelques fantômes de khalifes; mais, comme Hischem, ils vivront sous la tutelle d'un hadgeb, et, plus malheureux que lui, ils seront le jouet de bas intrigants, incapables de rehausser leur servitude. Ainsi, de tous les efforts d'Al-Manzoûr, de ses vingt-cinq années de combats, de cette glorieuse suite de victoires, il ne reste plus après sa mort qu'une dynastie usée, qu'une civilisation éphémère malgré sa magnificence, qui va être émiettée par de misérables ambitieux et foulée aux pieds par les Berbères d'Afrique, en attendant que les chrétiens, qui assistent de loin aux funérailles de l'empire arabe, dispersent cette multitude sans force et sans cohésion, et transforment en cathédrales catholiques ces superbes mosquées que le dieu de Mahomet a désertées.

Longtemps avant la chute du khalifat de Cordoue, un grand nombre de gouverneurs de province n'obéissaient qu'imparfaitement aux ordres des khalifes. Lorsque la race des Ommiades fut près de s'éteindre, ces gouverneurs ne mirent aucun frein à leur ambition et se déclarèrent tous indépendants, s'attribuant à leur gré les titres d'émirs, de rois ou même de khalifes, et constituant des dynasties pour perpétuer, après leur mort, le pouvoir héréditaire qu'ils s'étaient adjugé. Comme ces royaumes n'avaient pas une grande étendue, ils prirent le nom de la ville principale où le nouveau chef avait fixé sa résidence. La banlieue de la capitale formait souvent la dernière limite de l'Etat. Au reste, tous ces royaumes improvisés n'eurent qu'une existence éphémère ; mais comme ils occupent une certaine place dans l'histoire de la Péninsule, nous allons ici les énumérer succinctement.

Royaume de Cordoue. — Aussitôt après la déposition du dernier Ommiade, du khalife Hescham III (29 novembre 1031), le grand-conseil élut pour le remplacer Aboul-Haçan-Djahwar, vizir des derniers khalifes. Ce nouveau gouvernement eut pour base l'aristocratie, c'est-à-dire que le chef ne pouvait prendre aucune décision sans l'assistance des membres les plus considérables de la nation. Mais les Cordouans ayant déclaré la guerre au roi de Tolède, ils furent battus en deux rencontres et perdirent leur autonomie (1060); Cordoue fut annexée au royaume de Tolède et devint la capitale de Tolède-et-Cordoue; Djahwar et sa famille furent dépouillés de toute autorité.

Royaume de Tolède. — Naser-el-Daula, d'origine africaine, gouverneur de cette province sous les Ommiades, se déclara indépendant dès 1012 et fonda la dynastie des Dzoulnounides, qui se maintint 63 ans et fournit cinq rois ou émirs. En 1085, Alphonse VI, roi de Castille, conquit Tolède et l'annexa à ses Etats, dont elle devint la capitale.

Royaume de Saragosse. — Abou-el-Hakem, gouverneur de cette province, se déclara indépendant dès 1015, il fut détrôné en 1039, par Abou-Ayoul-Souleïman, wali de Lerida. Celui-ci fonda la dynastie des Houdides, qui se maintint, non sans quelques échecs, pendant 124 ans et fournit six souverains. En 1118, Alphonse Ier, roi d'Arágon, s'empara de la ville de Saragosse, et, en 1139, le roi de Castille consomma la ruine de cet Etat.

Royaume de Valence. — Abou-Haçan, gouverneur de cette province, se déclara indépendant en 1021 et fonda la seconde dynastie des Dzoulnounides, qui se maintint pendant 71 ans et fournit cinq rois ou *sahebs*. En 1085, l'Africain Youssouf, avec ses Almoravides, s'empara de Valence; en 1094, le Cid l'enleva aux Maures, qui la reprirent en 1102.

Royaume de Denia et de Majorque. — Moudje-
hid, gouverneur de cette partie du royaume des khalifes, se déclara indépendant en 1016 et fonda la
dynastie des Moudjehides, qui se maintint pendant
76 ans et fournit cinq souverains ou *fakihs.*

Royaume d'Almeria. — Kaïran, gouverneur de
cette province, se déclara indépendant en 1010 et
fonda la dynastie des Amérides-Samadahides, qui se
maintint pendant 80 ans et fournit cinq souverains.
Youssouf s'empara d'Almeria en 1091, et les chrétiens s'en rendirent définitivement maîtres en 1143.

Royaume de Badajoz ou *d'Al-Garb.* — Sous le
nom d'Al-Garb, les Arabes désignaient l'Estramadure
et la plus grande partie du Portugal. On sait que la
ville de Badajoz, sur la Guadiana, est située sur la
frontière de Portugal. Vers 998, Ben-Aftas, gouverneur de cette province, se déclara indépendant et
fonda la dynastie des Aftassides, qui se maintint pendant 96 ans et fournit cinq souverains. Youssouf
s'empara de Badajoz en 1094.

Royaume de Grenade et de Jaën. — Zawy-ben-
Zeïry, gouverneur de cette province, se déclara indépendant dès 1013 et fonda la dynastie des Zeïrides,
qui se maintint pendant 77 ans et fournit quatre
rois. Youssouf et ses Almoravides s'emparèrent de
Grenade en 1090; puis les Almohades, et enfin les
Néserides, qui conservèrent ce royaume jusqu'en
1492.

Royaume d'Albarracin (petite principauté de l'A-
ragon). — Hodhayl, gouverneur de cette province, se
déclara indépendant (1010), et ses successeurs se
maintinrent, au nombre de six, pendant 90 ans.

Royaume de Séville. — Ismaël-ben-Abêd, gouverneur de cette province, se déclara indépendant en
1023 et fonda la dynastie des Abêdides, qui se maintint pendant 72 ans et fournit trois souverains.

Royaume de Tadmir ou *de Murcie.* — Aboubekre, gouverneur de cette province, se déclara indépendant (1017) et fonda la dynastie des Thahérides, qui fournit cinq souverains et se maintint jusqu'en 1079, époque où le royaume de Murcie fut annexé à celui de Séville.

Royaume de Malaga et Algésiras. — Ali-ben-Hamoud, gouverneur de cette province, se déclara indépendant en 1017 et fonda la dynastie des Hamoudides, qui se maintint pendant 74 ans et fournit huit souverains. Bien que réduits à la simple possession du littoral qui fait face à l'Afrique, les Hamoudides portèrent orgueilleusement le titre de *khalifes*.

Tous ces petits Etats, constamment harcelés par les princes chrétiens, vécurent entre eux dans un état permanent d'hostilité et devinrent la proie des Almoravides d'Afrique (1).

Les Almoravides (*liés religieux*) appartenaient à une tribu de ce nom, originaire de l'Yémen, qui émigra au commencement du xi° siècle, sous la conduite d'un de leurs chefs, Abdallah-ben-Yasym. En 1050, ils s'étaient emparé des royaumes de Fez et de Maroc. Appelés en Espagne par quelques-uns des Etats indépendants dont nous venons de signaler l'existence, les Almoravides s'empressèrent de secourir leurs coreligionnaires, mais sans cesse ils faisaient passer sous leur autorité les royaumes aux abois qui avaient sollicité leur secours. Ces annexions s'opérèrent de 1086 à 1108, sous les ordres de Youssouf-ben-Taschfyn, deuxième successeur d'Abdallah. Ses successeurs continuèrent avec bonheur ce système de

______

(1) Du moment où les habitants de la *Mauritanie* (car cette dénomination appartient à toute l'Afrique septentrionale, depuis Tunis jusqu'à Tanger) affluent dans la Péninsule hispanique et prennent une part prépondérante aux événements qui s'y accomplissent, nous désignerons, sous le nom de *Maures*, les races musulmanes qui occupent l'Espagne.

faciles conquêtes, et ajoutèrent un grand nombre de places à celles que Youssouf avait déjà conquises.

Jaloux d'un tel succès, les Almohades d'Afrique se firent les ennemis irréconciliables des Almoravides. Les Almohades (*les Unitaires*) étaient une dynastie de princes d'origine arabe, ainsi appelés parce qu'ils prétendaient être les seuls qui reconnussent l'unité de Dieu. En 1120, Abou-Abdallah-Mohammed-al-Mahdi, un des principaux membres de cette famille, souleva les Kabaïles contre les Almoravides et s'empara d'Agmàt, leur capitale, à 50 kilomètres de Maroc. Abd-el-Moumen, disciple et successeur de Mohammed, enleva aux Almoravides les royaumes de Fez, de Maroc, toute la régence d'Alger, et les côtes méridionales de l'Espagne (1130-1163); sous ses successeurs Youssouf et Yaooub (1163-1194), le pouvoir des Almoravides fut entièrement détruit en Afrique et en Espagne. La puissance ascendante des Almohades se maintint dans la Péninsule jusqu'au commencement du XIIIe siècle; mais, le 17 juillet 1212, leurs armées furent taillées en pièces par les rois de Castille et d'Aragon, à la bataille de *las Navas de Tolosa*, qui porta un coup funeste à leur puissance et prépara la chute de l'islamisme en Espagne.

Quelque incomplète que soit l'esquisse que nous venons de tracer de la domination des Arabes en Espagne, il est facile de reconnaître que, durant les cinq siècles que nous venons de parcourir, les dissensions intestines, les guerres extérieures, les changements de dynastie, les démembrements, ne cessèrent d'agiter l'empire, et par conséquent laissèrent peu de temps aux dépositaires du pouvoir pour s'occuper des travaux de la paix. Cependant lorsque l'on jette un coup d'œil (et c'est ce que nous allons faire) sur l'état de la civilisation en Espagne au XIIe siècle, on s'étonne des progrès rapides qu'elle y avait faits, des institutions utiles dont ses chefs l'avaient enri-

chie, de la sollicitude qu'ils déployèrent pour attirer
et concentrer dans la Péninsule les découvertes les
plus importantes qui s'étaient produites dans les pays
alors les plus avancés ; prodige d'autant plus étonnant
qu'à cette époque une nuit obscure enveloppait tous
les autres États de l'Europe.

En arrachant l'Espagne à la domination des Visigoths, les Arabes la délivrèrent de la barbarie et lui
apportèrent toutes les connaissances utiles qui n'a-
vaient cessé de fleurir dans l'Orient. L'agriculture fut
cultivée comme une science ; l'hydraulique seconda
ses efforts éclairés et quintupla les produits du sol
par les prodigieux effets d'une irrigation savante ; la
vigne et l'olivier furent multipliés et leurs fruits rendus meilleurs ; le palmier, le cotonnier et la canne à
sucre furent introduits dans les provinces méridionales ; la soie devint une production commune ; les
manufactures fournirent à la consommation et au
commerce extérieur des tissus de laine, de coton, de
soie, des étoffes brochées d'or et d'argent, des tapis
imités de ceux venant de la Perse, du maroquin, des
armures de fer pour les cavaliers et pour les chevaux,
des boucliers d'airain, des housses traînantes et des
selles magnifiques. Un seul exemple démontrera
le développement prodigieux que l'industrie avait
acquis en Espagne sous l'influence de la civilisation
arabe. Au xiie siècle. on comptait à Séville 60,000
métiers à tisser la soie en pleine activité ; il n'y en
a pas aujourd'hui 20,000 dans toute l'Espagne.

Les Arabes introduisirent dans la Péninsule une
foule d'inventions nouvelles inconnues en Europe ;
telles que le papier, les préparations chimiques et
pharmaceutiques, l'art de la distillation, celui de tri-
coter les bas, l'usage des caractères numériques sim-
plifiés, les orgues, les horloges à sonnerie, les alma-
nachs, l'algèbre. Ils imaginèrent le pendule, perfec-
tionnèrent la boussole, et, pour servir à l'avancement

de l'astronomie, ils élevèrent des observatoires. Un de ces monuments subsiste encore à Séville ; c'est la tour de la *Giralda*, qui, surhaussée de 100 pieds, sert de clocher à la cathédrale actuelle de cette ville.

Dans la destination des monuments de cette époque, le zèle religieux et la puissance royale se manifestèrent sans doute par d'immenses mosquées et de superbes palais ; mais l'amour du bien public, l'esprit national des souverains se montrèrent dans cette multitude de constructions qui avaient pour but la prospérité du pays. On peut encore, de nos jours, en admirer l'objet et l'exécution ; car, presque à chaque pas, dans le midi de l'Espagne, on trouve des vestiges de ponts, de canaux, de réservoirs, de chaussées, d'embanquements, de fontaines, ouvrages qui témoignent de la sollicitude de ces souverains pour les peuples qu'ils gouvernaient. Le pont sur le Guadalquivir, par lequel on entre à Cordoue, est un ouvrage des rois maures ; et l'aqueduc qui, pendant six lieues, conduit à Séville l'eau nécessaire à sa population, est encore un de leurs utiles monuments ; — ils établirent des chantiers de construction navale à Carthagène, Almeria, Cadix ; enfin ils rendirent à la circulation les grands chemins militaires de Cordoue à Tolède, de Merida à Lisbonne, ainsi que la voie romaine de Saragosse.

Toutes les villes qui étaient devenues capitales des petits royaumes musulmans créés dans les premières années du xiᵉ siècle, telles que Saragosse, Séville, Malaga, Tolède, Valence, Badajoz, possédaient des monuments remarquables de plus d'un genre : des *alcazares* (palais princiers), — des mosquées accompagnées de *medressès* (écoles), — de *zekkats* (hôtels de monnaie), — des fontaines monumentales, — des jardins publics, — des bains, — des aqueducs, — des *atalayas* (tours d'observation militaires), — des remparts crénelés, — des portes fortifiées, etc., etc.

Mais, entre toutes ces villes, Cordoue se distinguait par le grand nombre et la beauté de ses édifices; nous allons en donner un rapide aperçu.

Sous la domination arabe, Cordoue avait 400 grandes mosquées, nombre qui s'augmenta jusqu'à 600; on y comptait 3,837 mosquées d'un ordre inférieur; 4,300 minarets, d'où le peuple était appelé à la prière; 900 bains publics, 80,455 boutiques; 213,700 maisons de particuliers et 57,000 hôtels ou palais. La ville, précédée de 28 faubourgs, s'étendait sur les deux rives du Guadalquivir, dans un espace de huit lieues; ses rues étaient pavées et sans cesse arrosées par les eaux dérivées de la Sierra Morena, qui, introduites même dans l'intérieur des maisons, y entretenaient une constante fraîcheur. Cordoue jouissait d'un revenu de 2,000,000 de dinars (26,000,000 fr.) et commandait à 84 grandes villes, 300 du second ordre, et à 12,000 villages.

Le monument le plus important qui, de nos jours, attire encore les regards à Cordoue, c'est la magnifique mosquée construite par Abd-el-Rahman en 770, et qui, après avoir été le principal temple de l'islamisme en Occident, fut convertie, au XIIIe siècle, en église chrétienne, et depuis est devenue la cathédrale de cette ville. L'édifice est un carré de 440 pieds de large sur 620 de long. Onze grandes nefs, dirigées du nord au sud, aboutissent à une cour carrée, au milieu de laquelle s'élève une fontaine qui servait autrefois aux ablutions. Cette cour, environnée de galeries, était plantée d'orangers et de palmiers; — trente-trois autres nefs plus petites, coupant les premières à angle droit, formaient ainsi un vaste quinconce de colonnes dont le nombre total s'élevait à 1093. On conçoit quel effet imposant devait produire cette multitude de galeries, cette forêt de piliers de marbre, au milieu desquels l'œil s'égarait, surtout quand ce labyrinthe de nefs, resplendissant des plus vives couleurs, était éclairé par 4,600 lampes!

Comme pour effacer cette merveille d'architecture, Abd-el-Râhman III fit construire, en 951, à cinq milles de Cordoue, la ville de Medina-al-Zahra, sur les bords du Guadalquivir. Au centre de cette ville s'élevait un Alcazar, palais somptueux destiné à loger un prodige de beauté, la belle Zahra, maîtresse favorite du sultan. Les marbres les plus précieux, l'or, l'ivoire, l'argent, le cèdre, l'ébène, avaient été prodigués à la construction de cet édifice; l'historien Ebn-Hayan assure que 4,300 colonnes de marbre de toute proportion servaient à soutenir les voûtes et les plafonds de ce palais, où 13,750 domestiques circulaient nuit et jour pour accomplir les divers services! Près de l'Alcazar étaient de grands jardins, offrant à la fois des vergers d'arbres fruitiers et des bosquets de myrtes et de lauriers, entourés de pièces d'eau immenses. Au centre de ces jardins, s'élevait, sur une hauteur, le pavillon du khalife, supporté par des colonnes de marbre blanc, dont les chapiteaux étaient dorés. C'était au milieu de ce pavillon que se trouvait une grande vasque en porphyre, remplie de vif-argent, qui, par un mécanisme ingénieux jaillissant continuellement, reflétait d'une manière éblouissante les rayons du soleil.

Les sciences et les lettres ne demeurèrent pas étrangères à cette immense prospérité matérielle. Les Ommiades, suivant l'exemple du khalife Al-Mamoun, encouragèrent puissamment les progrès des connaissances humaines; ils établirent des écoles dans la plupart des mosquées, firent composer des espèces d'*encyclopédies* et formèrent 70 bibliothèques dans les principales villes de leur domination; ils recueillirent dans la leur 600,000 volumes; et tel fut le développement de l'intelligence et de l'esprit d'investigation à cette époque où toute l'Europe était plongée dans la barbarie, qu'en 1126, les Arabes comptaient : 150 auteurs distingués dans Cordoue; 76 dans Murcie;

53 dans Malaga; 52 dans Almeria, etc., etc. Les Arabes furent pour ainsi dire les créateurs de la chirurgie; on leur doit les premiers essais de la lithotritie; ils rallumèrent le flambeau de la médecine, presque éteint en Occident; leurs écoles de Tolède et de Cordoue attirèrent dans ces villes un grand concours de savants de toutes les parties de l'Europe, tandis que les préceptes d'Avicenne de Razy, d'Averroës et d'Albucasis étaient mis partout en pratique.

De toutes les sciences morales, la philosophie est celle qui passionna peut-être le plus vivement les Arabes. Mais, de tous les beaux génies de l'ancienne Grèce, qui ont écrit sur cette matière, ils n'adoptèrent que le seul Aristote, dont l'esprit subtil et les ingénieuses définitions leur parurent le plus sublime effort de l'intelligence humaine. Ils traduisirent sa *Métaphysique*, la chargèrent de commentaires souvent contradictoires, et la répandirent ainsi dans les différentes universités de l'Europe. Aboubekre et Averroës, tous deux nés à Cordoue, sont les plus hautes personnifications de la philosophie arabe.

L'étude de l'histoire trouva des encouragements de toute espèce auprès des khalifes; aussi le nombre des historiens arabes dans la Péninsule est-il considérable. Pour les seconder dans leurs travaux, Al-Hakem ordonna aux gouverneurs des villes et des provinces de réunir dans leurs circonscriptions tous les documents historiques qui s'y trouvaient épars et de les envoyer à Cordoue, où les écrivains pourraient les consulter.

Transportée de Damas et de Bagdad en Espagne avec les Ommiades, la poésie y prit les plus heureux épanouissements. Plusieurs khalifes de Cordoue composèrent des vers, dont le mérite perce encore à travers les désavantages d'une traduction. Des femmes même s'illustrèrent en ce genre; et une d'elles fit à Séville un cours public de poésie et de littérature. A la cour d'Al-Hakem, surnommé *le Savant*, les maîtresses de ce prince étaient aussi remarquables par leur esprit que par leur beauté, et remplissaient les loisirs de leur royal amant par les charmes d'une conversation solide ou enjouée, sérieuse ou légère, fécondée sans cesse par les connaissances qu'elles possédaient. Proscrit par la religion, le drame n'existe pas chez les Arabes; c'est la poésie didactique qui a obtenu toutes leurs préférences, et c'est ce genre qu'ils emploient pour peindre les beautés de la nature, les charmes d'une maîtresse, les hasards de la guerre ou les douces extases de l'âme. Dans cette poésie, à laquelle, en dépit de son uniformité, on ne peut pas refuser le mouvement et la verve, tout se personnifie, tout s'anime : la nuit cause avec l'aurore, le cyprès avec le zéphyr, le rossignol avec la rose, etc. Pour terminer ce tableau bien incomplet de l'état intellectuel des Arabes en Espagne, nous dirons qu'ils excellèrent dans les contes et les récits merveilleux, dans lesquels ils déployaient une richesse d'imagination inouïe.

Maintenant, que devinrent ces magnifiques germes de civilisation? Ils furent dédaignés des populations appelées à recueillir l'héritage des Arabes. Hommes rudes, relégués dans leurs âpres montagnes, habitués à une vie grossière et austère, ne comprenant aucun des raffinements de la civilisation, entretenus dans une irritation profonde contre les sectateurs de l'ôslam, invoquant sans cesse la Vierge et les saints pour triompher des païens, des mécréants, leurs adversaires, les chrétiens, lorsqu'ils furent vainqueurs, confondirent dans leur haine implacable contre l'islamisme les personnes et leurs œuvres; ils laissèrent tout dépérir et ruinèrent tout; ils persécutèrent les musulmans sans distinction de classes, les paisibles industriels aussi bien que les hommes de guerre, et lorsqu'à force de persécutions ils parvinrent à pur-

ger le sol de la Péninsule des derniers demeurants de
la race arabe, l'Espagne avait rétrogradé de plusieurs siècles ; et encore aujourd'hui, sous plus d'un
rapport, elle se trouve dans un rang inférieur à celui
où la civilisation arabe l'avait placée aux XIe et XIIe
siècles.

Il nous reste maintenant à faire connaître la situation
des divers groupes de populations chrétiennes qui,
après l'invasion arabe, se réfugiant dans des contrées
montagneuses, se divisèrent d'abord en une multitude
de seigneuries ; puis, reconnaissant leur faiblesse, se
réunirent et ne formèrent plus que quatre royaumes
indépendants, lesquels, en dehors de leurs différends
particuliers, firent une guerre acharnée aux musulmans, et, par des assimilations consécutives, finirent
par constituer l'unité de la monarchie espagnole.

Royaume d'Oviédo, des Asturies et de Léon. —
Après la bataille de Guadalète, Pélage, fils de Fa-
vila et cousin de Roderic, se retira dans les montagnes des Asturies avec ses partisans, et choisit pour
centre de ses opérations la grotte de Cuvagonda, située sur les flancs du mont Ausera. Du sein de cette
retraite, Pélage fit une guerre acharnée aux Maures,
et, favorisé par une série de petites victoires, il jeta
les premières bases du royaume des Asturies, dont
Oviédo fut la capitale. C'est à cause de ces circonstances que les Asturies sont considérées comme le
berceau de la monarchie espagnole, et que le fils aîné
des rois catholiques prend le titre de *prince des Asturies*. Froïla, troisième successeur de Pélage, fit sa
résidence à Oviédo (757), et dix rois de sa race continuèrent à y résider jusqu'à Ordoño II (913), qui,
ayant étendu ses conquêtes vers l'Estramadure et la
Galice, abandonna la résidence d'Oviédo pour se fixer
à Léon, sur le Torio, et forma, sous le nom de royaume
de Léon-et-Asturies, un État qui, outre ces deux provinces, comprenait la Galice et étendait sa suzerai-

neté sur les provinces basques et même en partie sur le comté de Castille. Dix princes se succédèrent sur ce trône après Ordoño II; mais Bermude III ayant péri, en 1037, dans un combat contre Ferdinand Ier, roi de Castille, celui-ci réunit le royaume de Léon à la couronne de Castille. Après la mort de Ferdinand Ier (1065), le royaume de Léon fut détaché de la Castille en faveur d'Alphonse VI, troisième fils de ce prince; mais, en 1071, Sanche II, dit *le Fort*, frère aîné d'Alphonse VI, qui régnait en Castille, déposséda celui-ci. Toutefois, Alphonse VI reconquit le royaume de Léon l'année suivante, et de plus, enleva la Castille à Sanche; ces deux royaumes furent alors de nouveau réunis. Après la mort d'Alphonse VIII, roi de Castille-et-Léon (1157), le royaume de Léon fut une seconde fois détaché de la Castille. Ferdinand II et Alphonse IX y régnèrent successivement; mais Ferdinand III, fils d'Alphonse IX, qui, par mariage, était devenu roi de Castille en 1217, devint aussi roi de Léon après la mort de son père (1230). Le nom de royaume de Léon disparut alors pour faire place à celui de royaume de Castille, bien que ce fût la branche de Léon qui régnât en Castille. Au milieu de ces révolutions, les armées de Léon avaient conquis sur les Maures la place d'Alcantara (1214), et celles de Merida, Montanches et Badajoz, en 1230.

Royaume de Castille. — Le nom de Castille ne date que des premières invasions arabes; il prit naissance au IXe siècle, lorsque toute cette contrée était hérissée de châteaux forts (*castillos*), construits par les seigneurs chrétiens pour se défendre contre les courses des infidèles. Le chef de ces petits États ne prenait que le titre de *comte*. Au commencement du XIe siècle, Sanche le Grand, roi de Navarre, profitant des dissensions qui s'étaient élevées entre les seigneurs de ces châteaux, soumit tout le nord de la contrée et l'érigea en royaume, sous le nom de Castille, en faveur de son fils Ferdinand Ier (1034). Une guerre heureuse (1037) contre Bermude III, roi de Léon-et-Asturies et de Galice, joignit ce nouveau royaume à la Vieille-Castille. C'est sous le règne de ce prince que vécut et combattit Don Rodrigue Diaz de Bivar, le héros populaire des chroniques espagnoles, surnommé *el Cid Campeador*. En 1085, toute la Nouvelle-Castille était soumise, et Tolède, enlevée aux Maures, devint la résidence favorite de ses rois ; la maison de Navarre gouvernait ce royaume depuis près d'un siècle, lorsque le mariage d'Urraque avec Raymond de Bourgogne donna naissance à une nouvelle dynastie (1126). Après plusieurs partages temporaires qui retardèrent l'accroissement de la puissance castillane, les couronnes de Castille et Léon se trouvèrent de nouveau réunies sur la tête de Ferdinand III (1230). Les brillantes conquêtes de ce prince et de ses successeurs acquirent à la Castille les villes d'Ubeda, de Cordoue, et presque toute l'Estramadure et l'Andalousie.

Le *royaume d'Aragon*, établi dans les limites de la Tarraconaise des Romains, ne se composa tout d'abord que de quelques territoires situés dans les vallées de l'Èbre, du Gallego, du Xalon et du Guadalaviar, territoires enlevés par les rois de Navarre aux Maures, de 745 à 1035. A cette époque, la mort du roi de Navarre, Don Sanche III, ou Sanche le Grand, occasionna un partage entre ses quatre fils : le comté d'Aragon échut à Ramire, l'un d'eux, et fut érigé en royaume (1035) ; il s'agrandit des villes de Tortose, Lerida, Barbastro, Saragosse, Fraga, par suite de conquêtes successives faites sur les Maures, de 1065 à 1118 ; il s'augmenta du comté de Barcelone par l'avénement de la dynastie barcelonaise (1137), et acquit Montpellier en 1204. Le vaillant Jayme Ier conquit, de 1217 à 1238, sur les Maures, et annexa au royaume d'Aragon les Baléares, Denia, Alcazar, Beja, et les trois quarts de la principauté de Valence.

Royaume de Navarre. — Au VIIIe siècle, la Navarre était possédée à la fois et par les Maures et par Charlemagne. En 806, Louis le Débonnaire, roi d'Aquitaine, donna le gouvernement de la Navarre à Aznar, comte de la Gascogne extérieure ; Pepin, roi d'Aquitaine, le confirma dans ce gouvernement (824) ; mais il s'y rendit indépendant (831). Sanche, son frère, lui succéda avec le titre de *comte*. Garcie-Ximenès, fils de Sanche, et qui succéda à son père, prit le titre de *roi* (860). En 907, Sanche-Garcie Ier battit les musulmans devant Pampelune, et marqua chaque année de son règne par une victoire contre les infidèles. et Sanche II s'empara définitivement de Pampelune. Les successeurs de Garcie possédèrent la Navarre jusqu'en 1076, alors que Sanche IV fut détrôné par Sanche-Ramire, son cousin et roi d'Aragon. Pèdre Ier et Alphonse, *le Batailleur*, portèrent l'un et l'autre les deux couronnes de Navarre et d'Aragon ; toutefois, après la mort du dernier (1134), la Navarre devint un royaume indépendant. En 1156, Sanche VI combattit avec succès contre les Almohades, et, en 1212, Sanche VII prit une part glorieuse à la bataille de *las Navas de Tolosa,* gagnée par les chrétiens sur les musulmans.

Royaume de Portugal. — C'est aussi vers cette époque que se constitue le royaume de Portugal. En 933, les Maures avaient perdu Lisbonne (Olisippo), et les villes principales de la Lusitanie étaient : Braga, Lamégo et Portocale. Cette dernière, à qui le second rang est assigné par les historiens, avait donné son nom aux pays réunis par la conquête sur les Maures ; c'est aujourd'hui la ville de Porto. Les villes principales de la contrée soumise au khalifat d'Espagne étaient : Evora, Beja, Lagos et Coïmbra. Dans le XIe siècle, le Portugal fut partagé entre le royaume de Léon et Castille (qui s'était accru de celui d'Oviédo) et les Etats mahométans, formés des débris du khalifat de Cordoue. La partie soumise aux chrétiens formait un gouvernement particulier sous le nom de *Portocale*, et comprenait seulement le Minho, le Tra-os-Montes et partie de la Beïra ; tout le reste du Portugal actuel, jusqu'à la Guadiana, obéissait à des rois mahométans.

C'est en 1092 ou 1093 que Henri de Bourgogne, venu en Espagne avec son cousin Raymond de Bourgogne pour faire fortune en guerroyant contre les infidèles, obtint pour prix de ses services la main de Thérèse, fille d'Alphonse VI, de Castille, avec le gouvernement de Portocale, sous le titre de comté, qui fut donné pour dot à cette princesse. Cet Etat naissant ne comprenait, sous le comte Henri, que les deux provinces de Minho et de Tra-os-Montes, et une partie de la Beïra enlevée aux Maures par Henri lui-même. Guimaraëns était la capitale de ce comté.

Peu d'années après la mort d'Alphonse VI, la comtesse Thérèse prit le titre de *reine*, voulant à la fois consacrer l'indépendance du Portugal et constater ses droits éventuels à la couronne de Castille. Sa sœur Urraque, qui était déjà investie de ce royaume, repoussa les prétentions de sa sœur les armes à la main, et Henri, fils de Thérèse, déposa sa mère et se fit proclamer *comte de Portugal*. Les Maures, ayant voulu mettre à profit ces dissensions, attaquèrent Henri ; mais celui-ci ayant été assez heureux pour battre en détail ses ennemis, car cinq rois maures s'étaient ligués contre lui, les défit complétement tous ensemble dans une sanglante bataille livrée en 1139, près de la ville d'Ourique (Alentejo). Cette victoire devint le titre réel de la légitimité d'Henri comme souverain, puisque c'est à cette occasion que la nation, enthousiasmée de sa valeur, lui donna unanimement le titre de *roi*, qu'il consacra en prenant le nom de Alphonse-Henriquez Ier. Le champ de bataille d'*Ourique* peut être considéré comme le berceau de la monarchie de

Portugal ; c'est donc à partir de cette époque que nous consacrerons à la fin de ce volume une division spéciale à l'histoire de ce royaume.

Nous allons, dans les chapitres suivants, poursuivre le récit des événements qui se rapportent exclusivement à l'histoire de l'Espagne proprement dite.

CHAPITRE V

Dernières luttes contre les Maures. — Ferdinand et Isabelle. — Unité de la Monarchie espagnole.

(1213 — 1516)

Dans le chapitre qui précède, nous avons fait assister le lecteur à l'invasion et à la domination des Arabes ; nous avons vu l'étonnante prospérité dont ils jouirent, soit sous les émirs de Cordoue, soit sous les khalifes ommiades ; puis nous avons été témoins de leur rapide décadence, alors que, morcelés en une foule de petits Etats, ils avaient été obligés d'appeler à leur aide les Almoravides d'Afrique, qui, au lieu de les secourir, les absorbèrent, jusqu'à ce que ceux-ci, à leur tour, vaincus et abattus par les Almohades, finirent par subir les uns et les autres le joug des chrétiens.

D'un autre côté, nous avons montré les Visigoths ou les chrétiens, après la bataille du Guadalète, faibles mais non découragés, se retirant dans les pays les plus abruptes, et formant, à travers des difficultés de toute espèce, de petits Etats, rudes, énergiques, n'ayant d'autre but et d'autre passion que l'extermination des musulmans ; nous avons vu ces Etats très nombreux d'abord, puis s'assimilant entre eux, et à chaque annexion prenant des forces nouvelles.

Maintenant, à l'époque où nous sommes parvenus, et après la bataille de *las Navas de Tolosa*, si funeste à l'islamisme, les possessions des Maures dans la Péninsule se bornent à une partie de l'Andalousie, au royaume de Grenade et à une partie des provinces de Murcie et de Valence. De leur côté, les royaumes chrétiens sont au nombre de quatre : le royaume de Navarre, qui ne tardera pas à se détacher en partie de l'unité espagnole, pour se relier à la France ; les royaumes de Castille et d'Aragon, qui, sous deux princes époux, réaliseront l'unité de la monarchie espagnole ; et enfin le royaume de Portugal, qui jusqu'à ce jour a conservé son autonomie, et auquel nous consacrerons un chapitre spécial, après l'histoire d'Espagne. Avant donc d'aborder le règne de Ferdinand et Isabelle, qui constitue l'unité monarchique de l'Espagne, nous allons esquisser à larges traits l'histoire des royaumes de Castille, d'Aragon et de Grenade, laissant de côté celui de Navarre, comme trop peu important pour le récit abrégé que nous faisons.

Ferdinand III, dit *le Saint*, pressentant les heureux résultats d'une forte cohésion, avait réuni le royaume de Léon à celui de Castille (1230), et poursuivait sans relâche les Maures. En 1240, il força la Murcie à se mettre sous sa protection, puis Jaën, Séville et l'Andalousie (1243-1248). Il voulait faire plus encore, chasser totalement les Maures d'Espagne et les poursuivre en Afrique ; mais la mort l'empêcha de réaliser ses héroïques projets. Alphonse X, surnommé *l'Astronome, le Philosophe* ou *le Sage*, succéda à Ferdinand III, son père, en 1252. Cinq ans après, une faction des princes allemands l'appela à l'empire et l'opposa à Rodolphe de Habsbourg. Tandis qu'il disputait le trône impérial, auquel il croyait avoir des droi par sa mère, fille du duc de Souabe, les rois de Grenade et de Murcie envahissaient ses États, et son fils, Don Sanche, se révoltait contre lui (1282). Réduit la dernière extrémité, Alphonse sollicita l'intervention de l'empereur de Maroc, qui la lui accorda avec la plus exquise courtoisie : « L'alliance que je con- » tracte avec vous, lui disait ce prince, n'a d'autre but » que de venger la cause de tous les rois et de tous » les pères ! » Malgré cette éclatante manifestation, Alphonse fit de vains efforts pour reprendre son sceptre, et mourut de chagrin, à Séville, en 1284. C'était le prince le plus instruit de son siècle; mais il ne connut pas l'art de régner, car il aimait mieux s'occuper de travaux scientifiques et d'astrologie que de politique. Alphonse donna à ses sujets le recueil des lois connues sous le nom de *las Partidas*, et fit dresser des *Tables astronomiques*, appelées de son nom *Alphonsines*; elles ont été imprimées pour la première fois, à Venise, en 1483.

Don Sanche, que nous avons vu révolté contre son père, était le second fils d'Alphonse; l'aîné, Ferdinand, était mort, laissant deux enfants en bas âge ; à ceux-ci revenait naturellement la couronne. Mais Sanche était d'un caractère violent, égoïste; et lui, qui n'avait pas craint d'attaquer son père pour lui ravir le trône, n'hésita pas à dépouiller ses jeunes neveux. Alphonse III, roi d'Aragon, donna l'hospitalité aux deux orphelins déshérités et s'attira le courroux de Sanche, qui lui déclara la guerre, après avoir chassé de la Péninsule l'empereur de Maroc qui avait si loyalement assisté Alphonse son père. La guerre avec l'Aragon finit par un arrangement à l'amiable; et ainsi s'écoulèrent sans autre événement important les onze années du règne de Don Sanche. Son fils, Ferdinand IV, qui lui succéda, fut constamment harcelé par des guerres intestines que lui suscitèrent les petits-fils dépossédés d'Alphonse X, aidés par les grands feudataires de la couronne, toujours avides de saisir l'occasion d'amoindrir l'autorité royale. Ferdinand triompha de tous ses antagonistes; mais il mourut dans sa vingt-quatrième année (1312), trente jours après le supplice des frères Carvajal, qui, indignés de l'injustice du prince à leur égard, l'ajournèrent à trente jours devant le tribunal de Dieu, ce qui a fait donner à Ferdinand IV le surnom de *l'Ajourné*.

Le successeur de Ferdinand, Alphonse XI, son fils, n'avait que deux ans; la tutelle du royal enfant donna lieu à des rivalités sans nombre et à des guerres civiles incessantes, ce qui obligea le jeune prince à prendre les rênes du gouvernement à l'âge de quinze ans. Doué d'un esprit précoce, d'une grande énergie de caractère, Alphonse courut résolument au devant du danger ; il défit les ligueurs sur le champ de bataille, et envoya à l'échafaud les principaux meneurs, sans être arrêté ni par leurs noms, ni par leurs alliances; ainsi, Don Juan, seigneur de Biscaye, et Don Alonzo de Haro furent décapités. Alphonse soutint bravement la lutte contre l'Aragon et le Portugal réunis; il fit la guerre aux Maures d'Espagne, qu'il soumit à un tribut annuel, et chassa l'empereur de Maroc qui était accouru au secours de ses coreligionnaires. En 1342 il ordonna le siége d'Algésiras, ville forte et défendue par une nombreuse garnison musulmane ; pendant deux ans il la tint étroitement bloquée, et s'en rendit maître après plusieurs assauts meurtriers. C'est durant ce siége que la poudre à canon fut de part et d'autre, pour la première fois, employée en Europe. Alphonse entreprit ensuite le siége de Gibraltar, qu'un gouverneur félon avait livré aux Maures. Il s'en serait emparé, si la peste ne l'eût arrêté dans ses opérations (1350) ; Alphonse succomba à l'âge de trente-neuf ans, et reçut de ses contemporains le surnom de *Vengeur* et de *Justicier*, par allusion à la manière énergique dont il avait comprimé les troubles civils. Il eut pour successeur immédiat Don Pedro, son fils, issu de son mariage avec une princesse de Portugal ; mais la succession définitive de la couronne d'Espagne devint l'apanage de la famille de l'un des nombreux enfants naturels qu'Alphonse avait eus de Léonora de Guzman, sa maîtresse, apanage que cette branche conserva pendant cent vingt-cinq ans, jusqu'à l'avénement des Habsbourg.

Pierre, fils et successeur d'Alphonse XI, gouverna cruellement et despotiquement. D'abord soumis à l'influence de sa mère et de Don Alphonse Albukerque, son précepteur, il se fit une loi de satisfaire la jalousie et l'ambition de ces deux personnages. C'est à leur instigation qu'il fit périr Léonora, la maîtresse de son père (1351), et qu'il envoya au supplice Don Juan Nuñez de Lara, qui portait ombrage à Albukerque. Ayant sollicité une alliance avec la famille royale de France, Don Pedro abandonna le lendemain de ses noces celle qu'il avait obtenue, Blanche de Bourbon ; puis l'enferma et lui fit éprouver les plus mauvais traitements. On dit que Marie de Padilla, favorite de ce prince, usa de ses charmes et de son adresse pour accroître ses méfiances et ses fureurs, et qu'elle prit une large part aux traitements odieux que subit Blanche de Bourbon. Quelque temps après, cette irrésistible maîtresse força encore Don Pedro à abandonner Jeanne de Haro, sa seconde femme, qu'il avait solennellement épousée. Marie Padilla eut de son royal amant plusieurs enfants, et mourut à Séville en 1361 ; Pierre ayant déclaré qu'elle était devenue sa femme légitime, elle fut inhumée dans la sépulture des rois de Castille. La même année, l'infortunée Blanche, toujours détenue, succombait aux atteintes d'un poison subtil que lui fit prendre son époux, à qui l'histoire reproche encore l'assassinat de Don Juan, son cousin, de Frédéric, son frère, de deux infants d'Aragon, et de Don Juan de la Cerda. Pour se justifier, Don Pedro accusait tous ces éminents personnages d'avoir machiné des conspirations contre sa personne. Il réservait le même sort à Henri Transtamare, son frère naturel; mais ce prince s'enfuit à temps en France. Il rentra en Espagne, suivi de Duguesclin et d'une armée française, détrôna le tyran et s'empara de la couronne (1366); l'année suivante, Pierre fut rétabli sur le trône par le Prince-Noir d'Angleterre, et redoubla de cruauté. Duguesclin passe de nouveau en Espagne, rencontre Pierre à Montiel, défait son armée, et le roi lui-même devint prisonnier (1368). Henri Transtamare voulut avoir un entretien avec son frère, et dans la chaleur de la discussion le poignarda, *le mató á puñaladas*. Telle fut la fin de celui que l'histoire a surnommé *Pierre le Cruel*.

Après tant d'odieux forfaits, les Etats de Castille, désireux d'avoir un bon roi, quoique d'origine suspecte, plutôt qu'un roi avare et sanguinaire, mais légitime, s'empressèrent de s'incliner devant leur libérateur, et, mettant de côté son fratricide, le vice de sa naissance et son usurpation, lui conférèrent la couronne. Henri II (Transtamare), né en 1333, était fils adultérin d'Alphonse XI et de Léonora de Guzman; il gouverna avec sagesse, déjoua les projets des factieux, et obtint de grands succès contre le Portugal, la Navarre et l'Aragon. Il mourut en 1379.

Don Juan, fils de Henri II, recueillit sans obstacle l'héritage paternel, et fut couronné à Burgos le 25 juin 1379. Cependant, le roi d'Angleterre, allié au roi de Portugal, essaya de faire prévaloir à main armée les prétentions que le duc de Lancastre avait autrefois soulevées sur la Castille comme époux d'une des filles adultérines d'Alphonse et de Léonora. De telles prétentions n'étaient pas justifiables; mais le hasard des combats fait souvent triompher les causes les plus injustes. Don Juan repoussa victorieusement ses antagonistes, et, pour ne pas les avoir désormais à combattre, il épousa une des filles du roi de Portugal, union qui occasionna, quelques années après, une guerre acharnée entre les deux Etats, à cause des

prétentions que Don Juan crut devoir élever au profit de son fils sur la couronne de Portugal. La perte
de la bataille de Aljubarotta le débouta de ses prétentions et occasionna sa mort (1390).

A Don Juan succéda Henri III, son fils ; encore un
roi en bas âge, et une régence ! triste nécessité qui
entravait toujours la marche des affaires. Cette fois,
on crut obvier à tous les inconvénients en nommant
un conseil de régence, composé des hommes les plus
éminents, choisis dans les différentes classes de la société. Cette régence, où l'influence aristocratique n'é-
tait pas suffisamment balancée par l'élément démocratique, ne fut pas moins orageuse que les précédentes.
La guerre civile semblait l'élément naturel de cette
noblesse castillane, si fière et si turbulente, qui veillait autour du trône des rois avec une inquiète jalousie, et limitait par la rébellion la prérogative royale,
qui tendait sans cesse à s'accroître. Le Portugal voulut profiter de ces troubles pour attaquer l'Espagne ;
mais Henri paralysa cette agression, ainsi que celle
des Maures de Grenade, et mourut à vingt-sept ans
(1406), méditant alors la ruine des mahométans de la
Péninsule.

Don Juan II succéda à son père, à l'âge de vingt-deux
mois. Soumis à une tutelle jalouse qui le tint éloigné
des affaires, ce prince ne fit preuve d'aucune capacité
politique. Aussi son règne fut-il celui de ses tuteurs ou
ses favoris, et ne se signala que par des collisions intérieures sans résultat. Les deux personnages le plus
en saillie durant ce règne furent : Don Fernand, oncle
du jeune roi, général habile qui avait enlevé la ville
d'Antequera aux Maures, et qui, bientôt après, fut
appelé au trône d'Aragon ; — dans un rang bien inférieur se signala Don Alvar de Luna, favori de Don
Juan, qui, de simple page, s'éleva au rang de connétable et de grand-maître d'Alcantara, et qui, pendant
vingt années, administra le royaume et commanda

les armées, quoiqu'il eût pour adversaires les parents
du prince et les grands du royaume, dont il lui fallut
sans cesse déjouer les tentatives dans l'ombre du palais ou sur les champs de bataille. Il finit cependant
par succomber : à la suite d'une ignoble intrigue de
cour, il eut la tête tranchée. Don Juan, prince faible,
indifférent aux affaires, occupa le trône pendant
quarante-huit ans (1454).

Jean II eut pour successeur son fils, Henri IV, qui
avait déjà trente ans ; l'histoire l'a flétri du surnom
d'*Impuissant*, parce que, uni pendant douze ans à
Blanche de Navarre, cette union resta stérile et fut rompue par le pape. Lorsqu'il monta sur le trône, Henri
contracta une seconde alliance avec une infante de Portugal, qui le rendit père d'une princesse (Jeanne) ; mais
la légitimité de cette naissance ayant été contestée
par la grandesse, et le roi l'ayant, au contraire, soutenue réelle, il s'ensuivit une violente collision entre
la couronne et les principaux feudataires, qui presque
tous soutenaient l'illégitimité. Cette dégoûtante con-
troverse fut terminée par un acte de déchéance prononcé par les Cortès, assistés de la grandesse et des
prélats du royaume. Dans une vaste place, sous les
murs d'Avila, un échafaudage fut dressé, sur lequel
apparaissait l'effigie du roi Henri IV, en costume solennel de souverain ; puis les Cortès, la grandesse et
les prélats étant montés sur l'échafaud, l'acte de déchéance fut lu au peuple. Après la lecture du préam-
bule et du premier article, l'archevêque de Tolède ôta
la couronne posée sur la tête de l'effigie, et la foula
aux pieds ; — après la lecture du second article, le
comte de Placentia arracha l'épée de justice ; — après
le troisième, le comte de Benevente enleva le sceptre ;
— enfin, à la suite du quatrième article, don Diego
Lopez de Zuñiga renversa d'un coup de pied l'effigie,
et au même instant, Alphonse, frère de Henri, fut
proclamé roi de Castille et de Léon (1464).

Cet acte de déchéance n'ayant pas été sanctionné par la nation, Henri continua à conserver le pouvoir, et Alphonse, son frère, étant mort sans postérité, tout fut remis en question. Henri avait encore une sœur, Isabelle, que les Cortès et la grandesse désiraient placer sur le trône, au lieu de Jeanne, regardée comme adultérine ; Isabelle, ne voulant pas guerroyer contre son frère, se borna à faire constater ses droits à la couronne, à l'exclusion de sa nièce Jeanne, et épousa, en 1469, Ferdinand, roi d'Aragon. A la mort de Henri IV, survenue en 1472, sa fille, l'infante Jeanne, réputée adultérine, mais soutenue par le Portugal, se fit déclarer reine à Placentia, tandis que les armées portugaises envahissaient le royaume de Léon ; mais aussitôt Isabelle et Ferdinand firent avancer les Castillans et les Aragonais, qui, ayant rencontré l'armée portugaise dans les environs de Toro, la mirent en complète déroute. Dépourvue de tout appui, Jeanne prit alors la résolution de quitter le monde, et entra dans un monastère à Coïmbre, pour se consacrer à Dieu.

Quoique le règne de Henri IV ait été l'un des plus misérables de la monarchie espagnole, il ne faut pas omettre le seul acte honorable qui lui appartient : Henri enleva Gibraltar aux Maures, que les chrétiens avaient perdu sous le règne d'Alphonse XI.

Si maintenant nous reprenions l'histoire d'Aragon au point où nous l'avons laissée dans le chapitre précédent, nous n'y trouverions, comme dans l'histoire de Castille, que querelles et conspirations intestines, luttes entre les grands et la royauté, guerres civiles accablantes pour le peuple, qui cherche à défendre ses priviléges ; guerres extérieures entreprises pour satisfaire l'ambition des souverains ; toutes choses fort peu instructives pour ceux qui lisent l'histoire en abrégé. Jetons plutôt nos regards sur les dissemblances politiques qui existent entre la Castille et l'Aragon.

Ce qui distingue ce dernier royaume du premier, c'est une ardeur excessive de la part de ses souverains à porter leurs armes au dehors de la Péninsule. Ainsi, en 1213, Pierre II succombe devant Muret, combattant pour Raymond, comte de Toulouse, contre les hordes de Simon de Montfort; — en 1243, Jacques Ier s'empare des Baléares et du Roussillon, et annexe ces îles et cette province au royaume d'Aragon ; — en 1282, Pierre III, revendiquant les droits de son épouse à la Sicile comme fille de Manfred, détrôné par le duc d'Anjou, opère une descente dans cette île, y organise le massacre général des Français (les *Vêpres Siciliennes*), et s'empare d'un trône ensanglanté par sa perfidie.

Cependant les fréquentes alliances qui s'accomplissaient entre les deux maisons souveraines de Castille et d'Aragon devaient nécessairement amener tôt ou tard la fusion des deux couronnes. En 1410, un rapprochement plus intime s'opéra : Don Martin, roi d'Aragon, étant mort sans postérité, six prétendants aspirèrent à son héritage; mais l'infant de Castille, Ferdinand, petit-fils de Pierre IV, roi d'Aragon, l'emporta sur ses compétiteurs, et reçut la couronne en vertu d'une décision rendue par un tribunal composé de commissaires ou députés de l'Aragon, de la Catalogne et de l'Andalousie. Alphonse V, fils de Ferdinand, lui succéda. Jeanne, tante du nouveau souverain, régnait alors sur les Deux-Siciles, et, par ses déportements, avait excité le mécontentement de ses sujets. Se voyant sur le point de perdre la couronne, elle appela à son secours Alphonse, et lui offrit le trône en survivance. Alphonse délivra Jeanne des attaques de ses sujets; mais, dès que cette reine ingrate se vit hors de danger, elle révoqua l'acte de donation qu'elle avait consenti, et Alphonse fut obligé de conquérir par les armes le royaume qui lui avait été si bénévolement offert. Lorsqu'il eut été reconnu souverain à Naples, il fit passer la couronne des Deux-Siciles sur la tête de son fils naturel, et mourut (1458). Don Juan II, duc de Peñafiel, fut appelé au trône d'Aragon par la mort de son frère. Il était déjà roi de Navarre par son mariage avec Blanche, héritière de Charles III, roi de ce petit Etat. Don Juan était avancé en âge, lorsqu'il se décida à épouser en secondes noces Jeanne Henriquez, fille de l'amiral de Castille, femme haineuse et cupide, qui exigea que les fils du premier lit lui fussent sacrifiés. Les tortures et le poison assurèrent son triomphe, et son fils Ferdinand, grâce aux crimes de sa mère, put recueillir l'héritage de don Juan, qui se composait de l'Aragon, de la Navarre, des Deux-Siciles, du Roussillon et des Baléares.

Ce qui, mieux encore que les actes politiques de ses souverains, distingue l'Aragon de la Castille, c'est le développement que prirent de bonne heure dans ce royaume les institutions démocratiques ; c'est l'exercice d'un droit public, peut-être sans exemple au moyen âge ; c'est surtout une organisation de garanties nationales, véritablement imposante ; institutions, il est vrai, qui ne se conservèrent pas longtemps intactes, qui furent peu à peu étouffées par la tyrannie des rois, mais qui n'en sont pas moins importantes à constater et curieuses à étudier.

La fierté des Aragonais, leur amour excessif pour l'égalité et la liberté, les portèrent de bonne heure à transformer les anciennes assemblées du pays, désignées sous le nom de *conciles*, en assemblées régulières purement politiques où les grands intérêts de la nation, et, le premier de tous, le choix du souverain, seraient soigneusement discutés. Les conciles étaient des réuniöns qui avaient lieu à des époques indéterminées, et où l'élément ecclésiastique absorbait tous les autres ; les nouvelles assemblées, appelées *Cortès*, furent tenues de se réunir tous les ans, et se compo-

saient de quatre classes différentes : 1º l'ordre ecclésiastique formé des dignitaires et des représentants
du clergé inférieur; 2º la noblesse du premier rang ;
3º l'ordre équestre ou la noblesse inférieure ; 4º les représentants des villes et bourgs. La sanction de cette
assemblée donnait aux lois la force exécutive, et on ne
pouvait, sans la permission des Cortès, ni imposer de
taxe, ni déclarer la guerre, ni faire la paix, ni frapper
monnaie; les Cortès étaient en outre obligées de veil-
ler sur tous les détails de l'administration et de réformer les abus. Ceux qui se croyaient lésés ou op-
primés s'adressaient aux Cortès pour demander justice,
non en suppliants, mais avec le ton d'hommes libres,
et convaincus du pouvoir et de l'efficacité de la représentation nationale.

L'assemblée des Cortès était présidée par le grand
justicier (*justiza*), toujours choisi dans l'ordre équestre, et dont le pouvoir immense était redoutable aux
rois. Ce grand justicier, assis sur une estrade élevée,
environné des grands de la nation, des *ricos hom-
bres*, des députés du clergé, voyait le roi venir à lui,
se prosterner à ses pieds et prêter serment à la for-
mule superbe qui lui était lue, l'épée du *justiza* sur
la poitrine : *Nosotros, qué valemos tanto como vos
y qué podemos mas qué vos, os hacemos nuestro
Rey y Señor, con tal qué guardeis nuestros fueros
y libertades; sino, no* (1). Le *justiza* était l'inter-
prète suprême des lois : non-seulement les juges inférieurs, mais encore les monarques eux-mêmes,
étaient obligés de le consulter dans toutes les affaires
douteuses et de se conformer à sa décision; on appelait à lui de la sentence de tous les juges, et, sans
qu'il y eût appel, il pouvait évoquer toutes les affai-

____

(1) Nous, qui valons autant que vous et qui pouvons plus
que vous, nous vous faisons notre roi et seigneur, à la
condition que vous respecterez nos priviléges et nos libertés; sinon, non.

res, défendre à tout juge d'en poursuivre l'instruction, en prendre sur-le-champ connaissance, et faire transférer un accusé dans une prison d'Etat, où nul ne pouvait être admis auprès du détenu que sur son autorisation; le *justiza* était tenu d'examiner toutes les proclamations et les ordonnances du prince, de déclarer si elles étaient conformes aux lois et si elles devaient être mises à exécution; il pouvait, de sa propre autorité, exclure les ministres du roi de la conduite des affaires, et les obliger de rendre compte de leur administration; enfin, il avait le pouvoir de citer le roi lui-même devant les Cortès et de le faire déposer, s'il manquait à son serment, c'est-à-dire s'il violait les immunités nationales.

Toutes ces fières institutions populaires ne se conservèrent pas longtemps dans leur intégrité: en 1094, Pierre Ier y porta une cruelle atteinte en déclarant qu'il était indigne que des sujets eussent le droit d'élire leur roi, et il effaça de son sang la charte originale qui avait consacré ce privilége. Les rois étant devenus par la grâce de Dieu, l'autorité du justiza s'amoindrit; sous Philippe II, cette charge n'était que nominale; et enfin, sous Charles II (1665), les Cortès d'Aragon, le justiza et la constitution n'étaient plus que des souvenirs historiques!

La Castille fut loin de présenter comme l'Aragon la même rudesse de caractère, la même énergie de volonté à défendre ses institutions politiques. De bonne heure, les rois y confisquèrent l'élément démocratique, en constituant la *grandesse* et le *Conseil suprême de Castille*, qui jugeait souverainement des appels des tribunaux inférieurs et donnait ses décisions dans l'administration des affaires publiques. Ce tribunal, que les rois ont toujours qualifié *notre Conseil*, était le dépositaire des lois fondamentales du royaume; il était chargé de la grande police de l'Etat, et jugeait souverainement dans les affaires contentieuses. On se pourvoyait par devant lui, non-seulement en appel des audiences royales ou des tribunaux inférieurs, mais encore en cassation des arrêts de chancelleries ou cours souveraines. Le conseil suprême de Castille nommait aux places de magistrature, dont aucune n'était vénale; et dans les requêtes qui lui étaient adressées, on lui donnait le titre de *Majesté*. Toutes ces attributions, quelque grande que fût leur étendue, étaient loin d'égaler la souveraineté du *justiza*.

Il s'en fallait aussi de beaucoup que les Cortès de Castille eussent les mêmes prérogatives que celles d'Aragon : elles étaient réunies à des époques indéterminées, ne s'occupant guère de la marche régulière des affaires de l'Etat, soin qui était dévolu au Conseil suprême ; ne répondant qu'aux appels qui leur étaient faits par la couronne, et n'ayant généralement à se prononcer que sur des questions de minorité, de régence ou de tutelle. Une seule fois, Pierre le Cruel les convoqua pour obtenir des impositions extraordinaires, ainsi qu'une levée inaccoutumée de soldats. Les Cortès s'empressèrent d'accorder tout ce qui leur fut demandé. Enfin, les *grands* de Castille et les *ricos-hombres* d'Aragon n'étaient ni politiquement, ni historiquement de la même essence : la *grandesse* n'était que la continuation des classes privilégiées qui, sous les Visigoths, avaient pour principales attributions l'élection des rois, tandis que les *ricos-hombres* devaient leur influence politique à leur consistance territoriale.

Telle était la situation morale et politique des deux royaumes qui allaient bientôt constituer l'unité monarchique espagnole. Durant le règne de Ferdinand et Isabelle, ils furent indépendants l'un de l'autre et conservèrent leur autonomie; car, dans la crainte de se voir écrasés par leurs souverains, les aristocraties des deux royaumes avaient formellement stipulé dans l'acte de mariage qu'aucun des deux époux ne pourrait intervenir dans le gouvernement de l'autre. Ces stipulations furent adroitement éludées, car Ferdinand et Isabelle, dès le commencement de leur règne, s'étant proposé l'expulsion définitive des Maures, cherchèrent par tous les moyens possibles à affaiblir et diviser les grands feudataires de la couronne qui leur étaient hostiles, afin de n'avoir qu'un seul ennemi à combattre. Nous laisserons de côté ces collisions intestines, pour ne nous occuper que du grand fait politique qui domine ce règne, l'expulsion des Maures de la Péninsule.

Lors de l'avénement au trône de Ferdinand et Isabelle, les Maures ne possédaient plus que le royaume de Grenade; mais ce royaume était formé des plus riches contrées de la Péninsule, et l'industrie mauresque en retirait encore d'immenses revenus. D'ailleurs le voisinage d'Afrique servait d'appui à ces héritiers des anciens vainqueurs, et les tribus expulsées du Mâhgreb servaient à rajeunir la population du royaume.

Nous avons vu dans le chapitre précédent que le royaume de Grenade, offrant plus de consistance que les petits Etats indépendants qui s'étaient formés sur les ruines du khalifat, s'était à peu près seul maintenu contre les efforts des chrétiens. En 1229, le chef des montagnards des Alpujarres, Mohammed-ben-Houd, s'empara de Grenade, de Jaën, de Guadix, de Baëça, et tenta de réorganiser le royaume de Grenade et de fonder une dynastie; mais il fut assassiné en 1236, et cet honneur appartint à Mohammed Ier (Aben-el-Hamar), qui fonda la dynastie des *Naserides* ou *Athamarides*, dynastie qui se maintint pendant deux cent cinquante-six ans et qui a fourni douze rois. Toutefois, hâtons-nous de le dire, le royaume de Grenade ne conserva qu'une indépendance limitée, car, dès 1245, il fut obligé de se reconnaître tributaire de la Castille et de

l'aider à détruire toute autre puissance musulmane résidant dans la Péninsule (1248-1257). Les dissensions domestiques et des révoltes presque continuelles contre
la Castille réduisirent insensiblement le royaume de
Grenade à la ville de Grenade et à quelques autres
villes autour d'elle. Il serait fastidieux de rapporter
ces prises d'armes et ces agressions sans but et sans
portée, qui se dissipaient au moindre souffle; nous
allons nous borner à raconter les dernières années de
ce royaume.

Le tribut auquel les souverains de Grenade s'étaient
soumis depuis Alphonse X leur donnait une certaine
garantie de tranquillité, qu'ils auraient pu conserver
longtemps s'ils ne s'étaient fait une loi de le refuser
toutes les fois qu'ils croyaient pouvoir le faire avec
impunité. Ainsi, lorsque Muley-ben-Hacem, avant-
dernier roi de la dynastie des Naserides, parvint au
trône en 1482, il résolut de s'affranchir d'une obliga-
tion qui pesait à sa fierté. Sommé de s'acquitter, il
répondit à l'envoyé de Ferdinand : « Nous avons
» du fer et non de l'or pour les chrétiens; ceux qui
» avaient consenti le tribut ont emporté leur honte
» au tombeau, et n'ont laissé à leurs enfants que des
» lances ! »

Les Maures n'avaient plus assez de puissance pour
tenir un tel langage, car ils s'affaiblissaient chaque
jour par leurs guerres intestines. Ferdinand aurait
donc pu sans crainte les attaquer incontinent; mais
il aima mieux consentir une sorte de trêve qui laissait aux deux parties le temps de réfléchir à une décision suprême; on convint seulement qu'escarmou-
cher pendant trois jours, enlever une place forte par
surprise, ce ne serait point rompre la trêve. En vertu
de cette singulière convention, les Maures, par un
heureux coup de main, s'étaient emparés de la place
de Zahara; et, par représailles, les chrétiens enlevèrent Alhama, jolie ville musulmane, située à peu de

distance de Grenade, et bien autrement importante que Zahara. Ce premier succès décida Ferdinand et Isabelle à se mettre en mesure de détruire définitivement la puissance des Maures en Espagne.

L'exécution de ce projet n'était pas sans difficultés, car le royaume de Grenade était loin d'avoir épuisé ses ressources ; mais les dissensions intestines qui régnaient dans la ville menacée firent plus pour les chrétiens que tous les efforts de leurs armes. Muley-Hacem avait répudié, au grand mécontentement de sa cour, une de ses premières femmes, Aïxa, musulmane zélée, pour s'attacher à une chrétienne, Zoraïde. L'amour excessif du vieux Muley pour cette dernière l'avait décidé à faire périr les enfants d'Aïxa ; un seul échappa au massacre, ce fut Boabdil (Abou-abd-Allah), qui, se mettant à la tête des mécontents, attaqua son père et le chassa de Grenade : Muley eut ensuite le dessus et chassa à son tour Boabdil, qui, dans sa fuite, tomba au pouvoir de Ferdinand et Isabelle. Muley-Hacem envoya une ambassade auprès de Ferdinand pour réclamer son fils rebelle ; mais, au lieu d'obtempérer à cette demande, le roi de Castille jugea qu'il serait plus favorable à ses intérêts d'accorder la liberté à Boabdil, afin qu'il attaquât son père et affaiblît ainsi la puissance musulmane. Le prince captif accepta sa délivrance en se reconnaissant désormais vassal de la couronne de Castille, en s'engageant à payer une redevance annuelle de 12,000 pistoles, et en laissant entre les mains des époux-rois, comme otages, son fils et douze enfants maures appartenant aux plus nobles familles du royaume. Boabdil promit encore de livrer Grenade aux chrétiens, si jamais Almeria, Guadix et Baza tombaient en leur pouvoir. Ainsi lié, subjugué, le prince partit pour aller guerroyer contre son père, c'est-à-dire pour préparer le triomphe de Ferdinand et d'Isabelle.

Se sentant trop affaibli par l'âge pour soutenir une

telle lutte, Muley-Hacem associa à sa fortune son frère Abd-Allah-el-Zagal, prince brave et habile, qui parut aux habitants de Grenade comme le seul capable de défendre les Maures contre les ennemis de l'intérieur et ceux du dehors. Boabdil n'osa pas l'attaquer de front ; mais, à l'aide de négociations habiles (le vieux Muley étant mort), l'oncle et le neveu finirent par s'entendre, et partagèrent entre eux le royaume. Grenade et les contrées limitrophes passèrent sous le sceptre de Boabdil ; l'empire d'Abd-Allah-el-Zagal s'étendit depuis Jaën jusqu'à la Méditerranée avec Almeria, Baza, Guadix, ainsi qu'une grande partie des Alpujarres, où vivait une population dévouée et guerrière pouvant mettre 50,000 hommes sous les armes.

Devenus maîtres de Malaga, après un siége meurtrier, les époux-rois, toujours acharnés à l'anéantissement des Maures, déclarèrent la guerre à El-Zagal et lui enlevèrent Baza, ville forte et bien défenduc (1488) ; puis l'obligèrent de leur livrer Almeria et Guadix. Il ne restait plus qu'à soumettre Boabdil, c'est-à-dire à lui rappeler son imprudente promesse. Il feignit de l'avoir oubliée. Indigné de ce manque de parole, Ferdinand le somma de se rendre ; mais les gouverneurs de Grenade firent répondre en leur nom qu'ils préféraient mourir plutôt que de livrer la ville. Désormais entièrement libre d'agir, Ferdinand fit ravager tous les environs de Grenade, et construisit, à 4 kilomètres de cette capitale, une véritable ville nommée *Santa-Fé*, dans laquelle il logea toute son armée (1491).

C'est au milieu de ces graves préoccupations qu'apparut à la cour de Ferdinand et d'Isabelle un étranger sans nom et sans fortune, qui venait sérieusement proposer aux époux-rois de doubler l'importance de leurs États : c'était Christophe Colomb (1).

____

(1) Nous regrettons vivement que les limites étroites

En s'approchant de Grenade, les chrétiens y avaient
fait refluer une masse considérable de musulmans,
habitants de la campagne. De leur côté, les ministres
de Boabdil, ne s'attendant pas à une telle affluence,
avaient totalement négligé de faire des approvision-
nements ; en sorte qu'on vit, après très peu de temps,
cette population de Grenade, si sensuelle, si raffinée
en ses goûts, ne songeant qu'aux tournois, aux fêtes,
aux sérénades, passer tout à coup de sa quiétude vo-
luptueuse aux angoisses de la crainte et de la frayeur
les plus pusillanimes. Toutes ces gracieuses odalis-
ques, au milieu de leurs jardins embaumés, dans leurs
palais de marbre, craignaient sans cesse de se voir
mourir de faim, et remplissaient de leurs cris, de leurs
sanglots, ces mêmes palais dont les échos retentis-
saient naguère des sons harmonieux de leur musique
lascive. Irrités par les plaintes et les gémissements de
leurs femmes désolées, les guerriers sortaient tumul-
tueusement de la ville, et se jetaient, désespérés, dans
le camp des chrétiens, où ils vendaient chèrement
leur vie en l'arrachant à un grand nombre de leurs
adversaires. Mais que pouvaient, hélas ! ces attaques
partielles contre une armée solidement organisée? Ce
fut au milieu de ces angoisses, de ces périls incessants,
que le siége de Grenade se prolongea pendant neuf
mois ! Les habitants, ne pouvant pas supporter plus
longtemps les privations qu'impose une ville investie,
demandèrent à capituler, et Boabdil dut abandonner
pour toujours et sa capitale et son royaume. On l'autorisa seulement à se retirer dans les Alpujarres, suivi

de ce livre ne nous permettent pas d'esquisser à larges
traits la biographie de l'illustre prolétaire qui venait à
point nommé enrichir l'Espagne des vastes possessions
du Nouveau-Monde. La *Bibliothèque utile*, qui se propose
de consacrer une notice biographique à tous les bienfai-
teurs de l'humanité, ne manquera pas de combler cette
lacune.

de quelques serviteurs fidèles qui y attirèrent ensuite un grand nombre de musulmans. Lorsque, parvenu au sommet du mont Padal, qui domine la plaine où s'élève Grenade, Boabdil jeta un dernier regard noyé de larmes sur sa capitale, qu'il abandonnait dans toute sa splendeur : « Pleurez, mon fils, lui dit sa mère qui » l'accompagnait ; pleurez comme une femme sur cette » ville que vous n'avez pas su défendre comme un » homme ! »

Ferdinand et Isabelle avaient d'abord permis aux Maures de Grenade, afin de ne pas trop dépeupler la ville, le libre exercice de leur religion. Cette consolation que la politique avait laissée aux vaincus, l'exigence ecclésiastique la leur ravit bientôt ; et les Maures furent dans la dure alternative de passer en Afrique ou de se faire chrétiens. Tel était leur attachement pour le sol natal et pour la ville délicieuse où s'était écoulée leur existence, qu'un grand nombre resta, même à ce prix ; mais ceux qui s'étaient retirés dans les Alpujarres repoussèrent avec horreur ces propositions, et massacrèrent les prêtres qu'on leur avait envoyés pour les convertir.

Pénétrons maintenant dans cette ville désolée, mais brillante encore de ses majestueux attraits.

Au moment de sa capitulation, Grenade possédait près de 300,000 habitants, dont 50,000 auraient pu prendre les armes ; ses remparts étaient flanqués de 1,030 tours et protégés par deux immenses forteresses ; ce qui indique assez que la défense ne fut pas des plus énergiques. Le royaume dont Grenade était la capitale, et auquel elle avait donné son nom, avait 30 lieues de large et 70 de long ; on y comptait 32 grandes villes, 97 villes inférieures, et la population s'élevait à 3 millions d'habitants, ce qui donnait 1,200 habitants par lieue carrée, comme aujourd'hui en France. L'architecture avait pris un développement considérable à Grenade, où s'étaient réfugiées les grandes familles

musulmanes de Cordoue et de Valence, après la prise
de ces deux villes par les chrétiens, et qui toutes
s'empressèrent de construire de magnifiques résiden-
ces; ce qui a fait dire à Victor Hugo :

> Grenade a plus de merveilles
> Que n'a de graines vermeilles
> Le beau fruit de ses vallons!

En effet, les établissements d'utilité publique, les
palais et les constructions monumentales, s'élevaient
en grand nombre à Grenade ; mais le plus remarquable et le plus important de tous était sans contredit
l'*Alhambra* :

> L'Alhambra! l'Alhambra! palais que les génies
> Ont doré comme un rêve et rempli d'harmonies;
> Forteresse aux créneaux festonnés et croulants,
> Où l'on entend, la nuit, de magiques syllabes,
> Quand la lune, à travers les mille arceaux arabes,
> Sème les murs de trèfles blancs!
>
> (Victor HUGO.)

L'Alhambra, résidence des rois de Grenade pendant
près de trois siècles, était à la fois un palais et une
forteresse ; il est ceint d'une muraille qui a plus d'une
lieue de circuit ; et, dans cet espace, au milieu de jardins délicieux, de claires fontaines, de ravissants jets
d'eau, s'élève le palais, moins remarquable par son
architecture extérieure que par les merveilleux détails
de l'intérieur. Le style de l'Alhambra est évidemment
supérieur à celui de la mosquée de Cordoue ; c'est un
mélange heureux de tous les styles, depuis l'ogive
étroite, élancée, jusqu'au plein cintre outre-passé. Le
trèfle, dont on aperçoit déjà plusieurs modèles dans la
mosquée de Cordoue, mêle partout, dans l'Alhambra,
les découpures de ses feuilles élégantes aux courbes
plus régulières de l'art byzantin. Les fresques de la salle
des Juges sont ravissantes ; la salle des Ambassadeurs
et le *patio de los Arrayanes* sont d'une ordonnance
tout à fait gracieuse ; enfin la cour et la fontaine des

Lions offrent le spécimen le plus riche et le plus complet de sculpture arabe que l'on connaisse, soit en Espagne, soit en Orient.

En vain Charles-Quint, dans tout l'éclat de sa puissance, fit-il élever au milieu de l'Alhambra une habitation qui devait surpasser en magnificence tout ce que les Arabes avaient construit de plus somptueux : à la vue de ce beau monument de la Renaissance, on regrette moins de ne pas le voir achevé que l'on ne regrette le sacrifice qu'il fallut faire de plusieurs portions de l'Alhambra pour lui réserver un emplacement convenable. Malgré la grandeur de cet édifice, orné de portiques et décoré des plus précieux marbres, la richesse du palais arabe, ses galeries formées de colonnades légères, ses salles rehaussées d'ornements encore si frais, l'élégance de la cour des Bains, les arcades qui entourent celle des Lions, annoncent assez combien il dut être supérieur aux constructions de l'empereur flamand.

Grenade renferme encore d'autres monuments d'un haut intérêt : le *Generalife*, délicieuse demeure d'été, située près du rempart de la citadelle ; les restes d'un palais appelé le *Quarto real de San Domingo*, la *Casa del Carbon*, les *Tours vermeilles* et plusieurs maisons dans le quartier de l'Abycin.

Lorsque Ferdinand et Isabelle furent définitivement établis à Grenade, ils ne se bornèrent pas aux timides essais dont ils avaient fait usage dès les premiers jours de la capitulation, soit pour soumettre les Maures, soit pour les forcer à émigrer. Prenant prétexte d'un soulèvement provoqué par les musulmans contre les chrétiens, Ferdinand chargea un homme éminent, qui commençait alors à se faire remarquer, du soin de réprimer cette tentative d'insurrection. Cet homme était le cardinal François Ximenès de Cisneros, général des Cordeliers d'Espagne et confesseur de la reine, rusé diplomate, administrateur habile, mais fanatique et cruel. Ximenès intima l'ordre aux Maures d'embrasser sur-le-champ le catholicisme ou d'évacuer la ville. La majeure partie préféra abandonner Grenade ; mais chaque chef de famille ne fut autorisé à quitter ses foyers qu'après avoir versé 10 doblons d'or (environ 100 francs), contribution qui fit entrer dans les caisses de Ferdinand 160,000 doblons ; ce chiffre nous autorise à supposer que cette seconde émigration se composa de 16,000 familles ou de 80,000 personnes au moins. C'est aussi vers cette époque que les juifs, qui se trouvaient très répandus dans le royaume de Grenade, furent expulsés au nombre de 800,000 ; ainsi, presque en même temps, l'Espagne se trouva privée de près d'un million d'habitants pris parmi les plus industrieux et les plus capables. On reconnaît déjà dans ces deux actes de violence l'influence du saint office, qui fut définitivement constitué en Espagne sous le règne de Ferdinand et Isabelle, odieux tribunal, qui pendant plus de trois siècles jeta l'épouvante sur toutes les parties de la Péninsule, et auquel nous consacrerons un chapitre spécial, afin de mieux en faire apprécier l'infamie.

Pour récompenser Ferdinand de ses exploits contre les Maures, Rome lui accorda le titre de *roi catholique*, et l'autorisa à s'adjuger la grande maîtrise avec les revenus y attachés des trois ordres de Saint-Jacques, d'Alcantara et de Calatrava, au détriment de la noblesse espagnole, à qui ces hautes charges avaient été jusque-là dévolues (1). Ainsi, à cette époque, les

(1) Les ordres de *Saint-Jacques de l'Épée*, de *Calatrava* et d'*Alcantara*, furent institués à l'époque des guerres contre les Maures. Celui de *Saint-Jacques* en 1170, par Ferdinand II, roi de Léon et de Castille, pour défendre contre les incursions des Maures les pèlerins qui se rendaient à Saint-Jacques de Compostelle ; — celui de *Calatrava* doit son origine à la défense de cette ville, en 1158, par des chevaliers de Cîteaux, qui prirent, après avoir repoussé les Maures, le titre de *chevaliers de Calatrava* ;

faveurs et la fortune arrivaient de toute part aux époux-
rois ; car il ne faut pas oublier qu'en 1493 Christophe Colomb, de retour de son premier voyage, venait d'annexer un nouveau monde à l'Espagne, et que
bientôt après le royaume de Naples faisait retour à
Ferdinand, en sa qualité de roi d'Aragon. Aussi,
fiers de leurs succès, les deux monarques énumé-
raient-ils avec complaisance, en tête de leurs actes,
les nombreux titres de leurs royaumes et de leurs
principautés ; et les courtisans ajoutaient que « le
» soleil ne se couchait jamais sur les Etats de leurs
» maîtres ! »

Mais tant d'éclat, tant de bonheur et de prospérité
ne tardèrent pas à être suivis de bien amères tris-
tesses. En peu d'années, Ferdinand et Isabelle furent
atteints de la manière la plus poignante dans leurs
plus chères affections. Leur fils aîné, prince des Asturies, regardé comme l'héritier présomptif des couronnes d'Aragon et de Castille, mourut presque subi-
tement ; deux de leurs filles, mariées en Portugal, et
toutes deux ayant la couronne en perspective, décé-
dèrent jeunes et sans postérité ; enfin Jeanne, leur
troisième fille, mariée en 1496 à Philippe le Beau, archiduc d'Autriche, princesse sans grâces physiques
et d'une intelligence bornée, tomba dans l'idiotisme
par suite de l'indifférence de son mari pour elle. C'est
la mère de Charles-Quint. Anéantie par des pertes si
cruelles et si multipliées, la grande Isabelle mourut
de douleur (1504), laissant pour héritier de ses royaumes un enfant à peine âgé de quatre ans, dont la mère
était insensée, et dont le père, constamment entraîné
par les plaisirs, succomba, en 1505, à son inconduite,

— celui d'*Alcantara* fut fondé par Alphonse IX, roi de Castille, en 1218, en mémoire de la prise d'Alcantara sur les
Maures. Ces trois ordres, même en dehors de la grande
maîtrise, étaient immensément riches, leur revenu s'élevait
à 5,676,000 fr.

rivant, pour leur malheur, aux destinées de l'Espagne celles des Pays-Bas, dont il était souverain !

Mais Ferdinand V, l'époux d'Isabelle et le grand-père de Don Carlos, le futur CHARLES-QUINT, était plein de vigueur et de santé. Tandis que Jeanne, absorbée par la douleur, promène dans toute la Péninsule le cadavre de son époux, Ferdinand soumet la Navarre soulevée et l'annexe définitivement à l'Espagne ; par des négociations plus adroites que loyales, il se fait reconnaître roi de Naples, devient l'instigateur et fut l'âme de la ligue de Cambrai contre Venise, et seul sut en tirer profit ; puis, se servant d'un ministre habile et dévoué, du cardinal Ximenès, il forme le projet, pour rendre désormais impossibles les expéditions que les Maures voudraient tenter contre l'Espagne, de s'emparer de toutes les villes maritimes du Mâhgreb. Ximenès dirigea en personne cette expédition, en fit lui-même les frais, et se rendit maître d'Oran, de Mers-el-Kebir, de Bougie et du Peñon, qui commandait le port d'Alger.

Tout semblait sourire aux désirs de Ferdinand ; cependant les symptômes de sa mort prochaine se manifestèrent par une inquiète langueur qui ne lui permettait de séjourner nulle part ; enfin, le 21 janvier 1516, il expira revêtu de l'habit de Saint-Dominique, après quarante-deux ans de règne et seulement âgé de soixante-deux ans.

Ferdinand est, à proprement parler, le premier roi d'Espagne, car il fut réellement le fondateur de la monarchie espagnole. C'est lui qui unit toutes les parties de la Péninsule sous une même domination et prépara la gloire de Charles-Quint ; mais il légua à l'Espagne *l'inquisition* et le *despotisme*, qui ont amené la ruine et l'abaissement de cette monarchie. La fourberie était le vice dominant de Ferdinand : elle s'était infiltrée dans toutes ses actions ; elle infecta sa politique et sa vie. Ce prince se fit presque une gloire de tromper tous ceux qu'il put jouer, et sa religion ne consista qu'à doter des couvents, bâtir des églises et soudoyer le fanatisme.

CHAPITRE VI

L'Inquisition en Espagne et en Portugal.

(1481 — 1822 — 1833)

L'inquisition a donné à l'Espagne une teinte particulière, qui la distingue entre toutes les autres nations modernes ; partout ailleurs, les guerres religieuses, les persécutions, n'ont été que des accidents passagers, qui n'ont exercé aucune influence sur le caractère national. En Espagne, au contraire, l'inquisition a pris naissance avec la formation de la monarchie ; elle y est devenue l'auxiliaire du pouvoir ; et, pendant douze règnes consécutifs, s'élevant même au-dessus du trône, elle a menacé les rois, contrôlé la conduite des ministres, repoussé les lumières qui donnent une conviction éclairée, pour n'admettre qu'une foi inepte, obtuse ; et pendant trois siècles elle a imprimé à la nation espagnole un cachet indélébile de sournoiserie bigote et de momerie monacale, dont elle a peine encore aujourd'hui à se dépouiller. En traitant l'histoire de la Péninsule, on ne peut donc s'empêcher de consacrer à l'inquisition une mention spéciale.

D'abord introduite dans le Languedoc, en 1208, pour rechercher les Albigeois qui avaient survécu aux exterminations du comte de Montfort (1), l'inquisition

(1) Voyez l'intéressant récit des *Guerres de Religion en France*, publié dans la 1re série de la *Bibliothèque utile*, tableau saisissant d'horreur et écrit avec un talent des plus remarquables par M. Bastide, ancien ministre des affaires étrangères.

se répandit ensuite dans les divers Etats de la chrétienté et y prit le caractère d'une institution permanente. En 1233, la Castille, la Navarre, l'Aragon et le Portugal adoptèrent la loi nouvelle, qui ne tarda pas à s'y signaler par de sanglantes exécutions. Toutefois, gêné par les évêques, dont il menaçait d'annuler la juridiction, et par la magistrature qui contenait ses écarts, le saint tribunal n'occupait encore qu'un rang secondaire dans la Péninsule. L'ambition hypocrite de Ferdinand et la piété crédule d'Isabelle lui fournirent l'occasion de saisir la première place dans l'Etat.

La prépondérance toujours croissante des juifs, les fréquents rapports des Maures vaincus avec les chrétiens; les richesses considérables que possédaient ces deux races avaient fortement impressionné les prélats espagnols. Ils feignaient de redouter que le contact immédiat des juifs et des Maures avec les chrétiens ne rompît l'unité de la foi qui existait dans la Péninsule. Pour y mettre obstacle, ils résolurent d'imposer l'inquisition à LL. MM. catholiques; ils n'attendirent pour cela qu'une occasion favorable.

Les Cortès, tenues à Tolède en 1480, avaient jugé à propos de réglementer la situation politique des juifs et des Maures, dont un grand nombre s'était par force converti au christianisme. Le nonce du pape et les dominicains s'appuyèrent des actes promulgués par cette assemblée pour obtenir de Ferdinand et Isabelle la nomination de deux inquisiteurs chargés de connaître de tous les faits reprochés aux néo-catholiques, ainsi que des rapports qu'ils pourraient, par inadvertance ou autrement, entretenir avec leurs anciens coreligionnaires. Ferdinand s'aperçut bien vite du profit qu'il y aurait à trouver coupables des hommes qui tenaient dans leurs mains tout le commerce et tout l'or de la Péninsule, et s'empressa de donner son adhésion à une institution qui servait à la fois ses croyances et ses intérêts. Il ne restait plus qu'à y faire consentir Isabelle. Malgré la répugnance de cette pieuse princesse à verser le sang, sa piété répondait de son consentement, et, après quelques hésitations, on finit par le lui arracher. Aux yeux de Ferdinand, l'inquisition fut donc une institution à la fois politique et fiscale, tandis qu'Isabelle ne l'accepta que comme un auxiliaire utile de la religion ; et ce fut avec le calme d'une âme pure, et au nom d'un Dieu de paix et de charité, qu'elle se décida à accepter ce tribunal, qui devait faire périr dans les supplices tant de milliers d'innocents !

Ainsi fut institué le saint office, tribunal au-dessus de l'humanité, de la justice et de la religion elle-même, qui, foulant aux pieds toute loi divine et humaine, ne devait procéder que par la torture et corriger qu'avec la mort. Plus puissante que la plus excessive tyrannie, l'inquisition se proposa de poursuivre l'homme jusque dans l'asile inviolable de la pensée. Sous prétexte de confirmer la foi et d'entretenir l'unité de l'Eglise, les inquisiteurs élevèrent leur propre autorité au-dessus de celle des Ecritures, transformant l'Evangile en un code de torture et de mort, et dénaturant, pour le souiller et l'ensanglanter, le caractère doux et pacifique du christianisme. Ce qui, surtout, a rendu l'inquisition odieuse, c'est qu'elle a couvert du manteau de la religion le machiavélisme de la politique ; c'est qu'elle a abruti, perverti le peuple ; c'est qu'elle a environné la barbarie de ses exécutions du respect et de la vénération des choses saintes ; c'est qu'elle a proscrit les lumières, rendu la religion terrible, abominable aux yeux du plus grand nombre, en lui faisant porter la responsabilité de ses fureurs !

Quoi qu'il en soit de la moralité du saint office, une fois le principe admis, on créa dans les principales villes des tribunaux d'inquisition, et leur direction

fut soumise à l'impulsion d'un inquisiteur général.
Le premier magistrat à qui incomba cette charge terrible (1483) fut Thomas de TORQUEMADA, confesseur
de la reine Isabelle et prieur du couvent des Dominicains de Séville, homme de mœurs austères, mais
fanatique et cruel, qui déploya dans ses fonctions une
excessive rigueur : Torquemada multiplia les confiscations, établit un vaste système d'espionnage et de
délation, prit une part essentielle à l'organisation des
tribunaux inquisitoriaux, ainsi qu'à la rédaction du
Code des inquisiteurs, et poursuivit à outrance tout
ce qui pouvait porter obstacle à l'unité absolue de la
foi. C'est lui qui le premier fit expulser les juifs et les
Maures d'Espagne, qui persécuta de mille manières
ceux d'entre eux qui s'étaient convertis, et ne craignit pas de déférer au saint office deux évêques orthodoxes, sous le prétexte qu'il y avait eu des juifs
dans leur famille ; le pape voulut prendre sous sa
protection les deux infortunés prélats. Torquemada
fut plus puissant que le pape : il parvint à obtenir
un jugement qui reconnaissait les deux évêques coupables d'hérésie, et ils furent, après dégradation et
confiscation de leurs biens, condamnés à une détention perpétuelle. Lorsque les victimes humaines man-
quaient pour alimenter les bûchers, Torquemada y
faisait jeter les livres ; c'est ainsi qu'il condamna au
feu la bibliothèque entière de Don Henri d'Aragon,
prince du sang royal, jugement qui fut exécuté.

L'effroyable hécatombe que Torquemada, durant
les dix-huit années qu'il exerça les fonctions d'inquisiteur général, voua au fanatisme, a porté plusieurs
historiens à exagérer le nombre des victimes qu'il
envoya aux bûchers ou qu'il plongea dans les cachots.
Nous adoptons les calculs les plus modérés : « De 1481
» à 1498, dit Llorente, l'impartial historien de l'in-
» quisition, Torquemada fit brûler vifs : 10,220 in-
» dividus, et 6,840 en effigie ; il en condamna 97,371

» à la prison perpétuelle, au fouet, aux galères ou à
» la dégradation ! »

Mais ce qui, selon nous, doit rendre Torquemada
plus odieux encore que ne l'ont fait les nombreuses
exécutions dont il a assumé la responsabilité, c'est
qu'il est le principal auteur du Code des Inquisiteurs,
livre exécrable, dans lequel il a prétendu réglementer
les formes de procédure du sanglant tribunal, détail-
lant toutes les subtilités que l'on peut employer pour
faire succomber un prévenu ; énumérant toutes les
équivoques au moyen desquelles il est facile de substituer le mensonge à la vérité ; s'abaissant jusqu'à
supputer les avantages des divers genres de question,
jusqu'à compter une à une les pulsations que l'on
peut observer sur chaque victime, suivant le genre
de torture qu'on lui inflige ; prescriptions et énumé-
rations aussi horribles qu'inutiles ; car le procédé
de l'inquisition a toujours été de ne suivre aucune
règle, de n'agir qu'en vertu du caprice ou de la rage
du tourmenteur.

Lorsqu'un hérétique, un blasphémateur, un prévenu quelconque était dénoncé au saint office, on
s'emparait aussitôt de sa personne, on confisquait ses
biens, et, après l'avoir laissé languir plusieurs mois
dans un cachot, on l'interrogeait sournoisement, en
étalant à ses yeux la liste effroyable des crimes vrais
ou supposés qu'on lui imputait, pour tirer du moindre de ses gestes, de la moindre de ses paroles une in-
duction favorable à la culpabilité ; on ne lui com-
muniquait d'ailleurs aucune pièce de la procédure ; le
dénonciateur, les témoins lui demeuraient à toujours
inconnus ; aucun parent, aucun ami, aucun avocat,
ne pouvaient prendre sa défense ; et si, au milieu de
cette torture morale, tantôt seul, tantôt entouré d'espions, sans cesse harcelé par un juge d'instruction faux
et prévaricateur, le prévenu parvenait à n'avoir rien
laissé échapper qui lui fût défavorable, alors la ques-

tion était employée pour lui arracher des aveux. Parfois, la victime, étendue sur le dos, recevait dans la bouche une quantité d'eau incessante, afin qu'à la moindre aspiration elle absorbât le liquide jusqu'à suffocation ; ou bien on l'enlevait par les bras, au moyen d'un treuil, puis on le laissait tomber brusquement sans toucher au sol, mais jusqu'à ce qu'un contre-coup horrible, arrêtant la chute, disloquât les bras ; — parfois aussi c'était au feu nu ou au fer rougi que l'on demandait les moyens de triompher de l'obstination ou de l'innocence du prévenu ; — ou bien on le forçait à marcher pieds nus sur des pointes acérées, — ou on le tenaillait, — ou on l'égratignait avec des dents de fer, le tout au gré ou suivant l'imagination plus ou moins inventive du juge instructeur. Si, pour se soustraire à ces affreuses tortures, le patient se reconnaissait coupable d'un ou de plusieurs crimes, il était gracieusement *relaxé*, expression hypocrite qui voulait dire que ce n'était plus qu'un coupable destiné à passer pour la forme devant une commission composée de misérables laïques vendus depuis longtemps au saint-office, et dont l'unique emploi était d'envoyer le relaxé à l'échafaud.

L'inquisition admettait quelquefois ses victimes à la *réconciliation*, ou leur imposait des peines plus ou moins dures, plus ou moins prolongées ; mais, dans tous les cas, la confiscation était maintenue. « On » peut, par extraordinaire, sortir absous du saint » tribunal, dit de Thou ; mais on en sort toujours » ruiné. » Le *réconcilié*, après avoir comparu dans un *auto-da-fé* (exécution solennelle de condamnés au feu), était obligé : d'observer un jeûne rigoureux ; de porter à toujours un vêtement distinctif ; de se présenter plus ou moins souvent à la porte de l'église paroissiale, d'y recevoir la fustigation et de rester sous le porche pendant tout le temps des offices ; car quoique réconcilié, ce n'était qu'après plusieurs années d'épreuves qu'il était jugé digne d'entrer dans le temple. Dans toutes les juridictions, soit civiles, soit criminelles, la mort a le privilége d'éteindre l'action. L'inquisition poursuivait ses victimes au delà de la tombe ; elle leur faisait subir une longue procédure, confisquait les biens du décédé, et si les héritiers légitimes étaient déjà entrés en possession, ceux-ci étaient impitoyablement dépouillés ; puis, les jours d'*auto-da-fé*, on transportait à la suite des condamnés au feu de nombreuses caisses peintes en jaune, bariolées de démons, de flammes, de fourches, etc., peints en rouge ; là étaient contenus les ossements des condamnés posthumes qui devaient être jetés aux flammes.

L'injustice flagrante de tels procédés, l'excessive cupidité que mettait le saint office à confisquer les fortunes, la prétention exorbitante qu'il éleva, de connaître, en dehors des délits religieux, de presque tous les crimes ou délits civils, comme portant plus ou moins atteinte à la foi ou aux commandements de Dieu, ne révoltèrent ni les rois, ni la grandesse si hautaine. Les Etats d'Aragon, de Castille et de Catalogne protestèrent seuls contre l'odieux tribunal et demandèrent des réformes ; Charles-Quint promit de les réaliser, mais ne tint pas ses promesses, et le bûcher réduisit au silence les récalcitrants. Les néochrétiens de Castille offrirent 600,000 ducats d'or au roi pour qu'il rendît publics les jugements de l'inquisition ; malgré l'état obéré des finances, cette offre si séduisante fut rejetée. Les *comuneros* prétendaient aussi obtenir l'abolition de l'odieux tribunal ; mais ils furent broyés par l'artillerie royale ; et l'on vit de plus belle les rois catholiques, accompagnés de leur cour, s'empresser d'accourir aux *auto-da-fé* en habits de gala et la sérénité sur le visage ; car le moindre témoignage d'intérêt, une exclamation involontaire d'effroi ou de sensibilité de la part des spectateurs les plus privilégiés, étaient sévèrement punis par le saint tribunal.

En présence de telles énormités, commises dans toute l'étendue de la monarchie espagnole, on se demande si une nation qui avait la lâcheté de supporter une institution si abominable ne méritait pas de gémir sous le poids de ses fureurs? Nobles et roturiers sollicitaient ignoblement la faveur de servir de suppôts à l'inquisition ; tel grand qui restait couvert devant le roi se croyait honoré de tenir l'étrier de l'inquisiteur suprême; tel autre, de conduire par la bride sa haquenée ; tous voulaient être inscrits, ô infamie! sur la liste des familiers du saint office; enfin le duc de Medina–Cœli, grand de première classe, comptait au nombre de ses priviléges les plus dignes d'envie, celui de porter la bannière de l'inquisition les jours d'*auto-da-fé !*

Et, comme si ce n'était pas assez de cette inepte disposition des esprits à se ravaler aux pieds du saint office, voici qu'un événement immense accompli en Allemagne, la Réforme, vint encore servir de prétexte à la recrudescence des fureurs inquisitoriales: malheur aux laïques! malheur aux membres du clergé! malheur à tout homme, en général, qui avait franchi les Pyrénées, et qui surtout avait séjourné dans les Pays-Bas ou sur les bords du Rhin ! Or, ces voyages furent très fréquents et très nombreux pendant toute la durée du règne de Charles-Quint. A leur retour en Espagne, tous ces voyageurs étaient soigneusement fouillés ; le moindre livre, la moindre brochure étrangers ou hostiles à la religion orthodoxe étaient confisqués, et le malencontreux propriétaire incarcéré, torturé et brûlé. Si rien de suspect n'avait été saisi parmi les effets du voyageur d'outre-Rhin, on épiait ses démarches, on épluchait toutes ses paroles, on l'entourait d'espions, d'agents provocateurs subtils, et rarement il échappait à tant d'embûches.

Constantino Ponce, confesseur de Charles-Quint, qui suivait l'empereur dans tous ses voyages, fut condamné à une réclusion perpétuelle, parce qu'on le soupçonnait d'indulgence pour la Réforme. Francisco de San-Roman, riche négociant de Burgos, qualité fatale pour tout individu qui comparaissait devant le saint office, fut brûlé vif à son retour d'un voyage qu'il avait fait en Allemagne, pour avoir assisté au prêche des protestants. L'inquisition redoutait à l'égal du diable l'esprit d'examen et de critique, et faisait une guerre acharnée à tous ceux qui cherchaient à s'instruire, à tous ceux qui témoignaient d'une certaine intelligence, n'importe leur condition.

Ainsi, le célèbre hébraïsant Don Juan de Vergara fut incarcéré, parce qu'il avait signalé de nombreuses fautes dans la traduction espagnole de la *Vulgate*. Plusieurs savants théologiens de la Péninsule, qui avaient pris part avec distinction au concile de Trente, furent poursuivis parce qu'ils avaient montré trop d'érudition dans leurs discours, et par là s'étaient rendus suspects de tendances réformistes. Le bénédictin Alphonse Viruès, prédicateur aimé de Charles-Quint, fut arrêté parce qu'on le soupçonnait d'être favorable aux luthériens ; et, malgré les réclamations de l'empereur, il fut maintenu quatre ans en prison! Charles-Quint lui-même, après sa mort, fut accusé par l'inquisition d'avoir favorisé les luthériens, lui qui les avait poursuivis avec tant d'acharnement en Allemagne et dans les Pays-Bas. Le pape Paul IV encouragea ces poursuites et les étendit même à son fils, Philippe II, qui cependant avait dit publiquement, en recevant la couronne des mains de son père : « Je » perdrais mes États et cent fois la vie, si j'avais cent » vies, plutôt que de consentir à régner sur des héré- » tiques! » et il tint parole, car l'inquisition n'a jamais eu de pourvoyeur plus ardent que lui. N'im-

porte : à cette époque, il n'avait pas encore fait ses
preuves, et, forts de l'appui pontifical, les juges du
saint office mirent la plus grande ardeur à instruire
cette affaire, et conclurent à l'exhumation des restes
de Charles-Quint ainsi qu'à la déchéance de sa postérité de la couronne d'Espagne. Paul eut cependant la
sagesse de suspendre cette procédure ; car il redoutait les menées et la vengeance de Philippe II, qui pro-
mettait de bien faire à l'avenir, si on le laissait tranquille. Et il tint parole. En effet, le 17 septembre
1559, il rendit une ordonnance qui assurait le quart
de la fortune des condamnés de l'inquisition aux dé-
lateurs ; en même temps, il édicta la peine de mort
contre tout lecteur, acheteur, vendeur ou détenteur
de livres luthériens.

Les inquisiteurs hurlèrent de joie à la nouvelle de
ces dispositions, et, pour seconder un si généreux
élan, ils demandèrent à organiser l'inquisition dans
l'armée, sur chaque navire de l'Etat et parmi le corps
des douanes. Si Philippe II avait eu le malheur de céder à de pareilles exigences, c'en était fait des rois catholiques ; l'inquisition seule aurait régné en Espagne,
et Dieu sait comme !

Ne pouvant s'étendre au gré de ses désirs, l'inquisition redoubla de fureur contre les luthériens, contre
ceux qui sympathisaient avec leurs doctrines ou qui
étaient animés à leur égard d'un certain esprit de tolérance. C'est surtout à Séville et à Valladolid que
les persécutions de ce genre eurent le plus de retentissement. Nous ne rapporterons que celles exercées
contre la famille Cazalla.

Augustin Cazalla, chanoine de Salamanque et prédicateur de Charles-Quint, s'était depuis longtemps
attiré le courroux du saint office par sa mansuétude
et l'élégance de ses sermons ; et, comme il avait souvent accompagné l'empereur en Allemagne, il avait
appris à connaître la Réforme et ne la désapprouvait

pas sur tous les points. C'en fut assez pour être traduit devant le saint office, interrogé, torturé et *relaxé*.... Mais, hâtons-nous de le dire, au lieu d'être brûlé vif, on lui accorda la grâce d'être étranglé avant que les flammes l'eussent atteint ! Toute la famille Cazalla, les femmes, les jeunes gens, les vieillards, les domestiques, furent envoyés au bûcher ; car il a toujours été de principe dans l'inquisition que l'on devait moins déplorer la mort de cent catholiques irréprochables, parce qu'ils allaient droit en paradis, que de laisser échapper un hérétique qui pouvait corrompre des milliers de fidèles !

Grâces à la mise en pratique de cette affreuse maxime, les efforts du saint office furent couronnés des plus beaux résultats. Sous les deux règnes de Charles-Quint et de Philippe II, la Péninsule fut mise en coupe réglée par dix-sept tribunaux, qui fonctionnaient avec un admirable ensemble à Séville, à Jaën, à Cordoue, à Tolède, à Grenade, etc., etc., et 84,145 condamnés eurent à subir leurs rigueurs : 10,344 furent brûlés vifs ; 4,662 en effigie, et 69,139 eurent à supporter diverses peines afflictives et infamantes. Parmi les condamnés au dernier supplice se trouvait le fils de Philippe, que l'on affranchit de la honte de l'échafaud, et qui, grâce au roi son père, obtint la faveur de mourir étouffé dans un bain chaud.

Strictement concentrés dans la Péninsule par les limites étroites de ce travail, nous n'irons pas à la recherche des divers établissements que l'inquisition d'Espagne, sous le patronage des rois catholiques, fonda en Belgique, en Hollande, en Sicile, à Naples, et jusque dans le Nouveau-Monde. Il nous suffira de dire que partout ces tribunaux semèrent l'épouvante ; partout ils encoururent l'exécration publique ; partout ils donnèrent naissance à des guerres sanglantes ; et encore aujourd'hui, dans toutes les contrées où ils ont existé, leur souvenir est environné d'horreur !

Revenons donc à l'Espagne.

Sous le règne de Philippe III (1598 à 1621), l'inquisition s'attacha surtout à poursuivre les Maures convertis ou non au christianisme, et finit par obtenir leur expulsion définitive de la Péninsule, au nombre de 800,000. En opérant ce sauvage bannissement, qui dépouillait l'Espagne d'habitants industrieux et inoffensifs, l'inquisition avait espéré s'emparer des biens des malheureux proscrits ; mais le duc d'Ossuna, qui était alors environné d'une grande influence, fit accorder aux malheureux expulsés la permission d'emporter leurs effets les plus précieux ; et l'inquisition, déçue dans sa convoitise, jeta sa malédiction sur le duc *protecteur de l'hérésie*. Pendant la durée du règne de Philippe III, le nombre des victimes de l'inquisition s'éleva à 13,248, dont 1,840 furent livrées aux flammes.

Sous le règne de Philippe IV (1621-1665), l'inquisition donna un exemple bien remarquable de son ardeur à poursuivre tout ce qui était animé de l'esprit de tolérance. Vers la fin du règne de Philippe III, Louis de Aliaga, son confesseur, fut promu à la charge d'inquisiteur général ; son administration, ayant été plus humaine que celle de ses prédécesseurs, avait excité un profond mécontentement chez les grands officiers de l'inquisition. En conséquence, aussitôt après la mort de Philippe III, Louis de Aliaga fut destitué de ses fonctions et traduit lui-même devant le saint office comme favorable aux luthériens. La mort le délivra des suites de cette odieuse procédure, mais ses ossements furent impitoyablement livrés aux flammes. Ce fut à cette époque que l'inquisition parvint à faire canoniser l'inquisiteur Pierre Arbuès, qui avait été assassiné en 1485 par les habitants de Saragosse, à cause des injustes rigueurs qu'il exerçait à leur égard. Sous le règne de Philippe IV,

14,080 individus furent saisis par le saint office, et 2,852 furent brûlés vifs.

Durant le règne de Charles II (1665-1700), les abus du despotisme monacal étaient devenus si énormes que ce prince, timide et superstitieux, sentit lui-même la nécessité de les réprimer. Une commission fut nommée à cet effet; mais, après un mûr examen, on reconnut que la juridiction inquisitoriale était si bien établie et ses vengeances si redoutables, que le mal était sans remède, et les membres de la commission, craignant le courroux du saint office, se dispersèrent au plus vite.

Le duc d'Anjou, petit-fils de Louis XIV, ayant été appelé au trône d'Espagne en 1700, on crut que l'inquisition se montrerait, sous ce règne, plus tolérante. Cet espoir fut loin de se réaliser. Avant de quitter la France, le jeune prince avait reçu l'ordre de son aïeul de maintenir l'inquisition dans ses nouveaux Etats, afin d'y conserver la tranquillité. Philippe V resta fidèle à ce précepte et s'appuya même sur le saint office pour sévir contre ceux de ses sujets qui refusaient de lui prêter serment de fidélité ou qui cherchaient à accréditer que le serment prêté à un prince étranger était de nulle valeur. Toutes ces tentatives de rébellion furent réprimées sévèrement par l'inquisition, qui voulait ainsi s'attirer les faveurs de la nouvelle dynastie. Elle poursuivit avec la même ardeur les francs-maçons, qui commençaient à se propager en Europe, et célébra, sous le règne de Philippe V (1700-1746), 782 *auto-da-fé*, qui englobèrent 11,480 condamnés, dont 1,600 furent brûlés vifs.

Sous les règnes de Ferdinand VI et de Charles III (1746-1788), tous deux fils de Philippe V, les actes de l'inquisition devinrent moins atroces; elle fut tout aussi tyrannique, mais moins cruelle; plus que jamais, elle chercha à étouffer le progrès des sciences et plongea dans ses cachots tous ceux qui voulurent émanciper leur intelligence. C'est le sort qui fut dévolu au philanthrope Olavidès, fondateur des colonies étrangères dans la Sierra Morena. Après avoir rendu d'éminents services à son pays, ce malheureux resta huit années plongé dans les cachots de l'Inquisition, et fut ensuite déclaré incapable de remplir aucun emploi public.

Avec l'avénement de Charles IV, l'inquisition prit encore un caractère de placidité plus prononcé; mais le succès de la Révolution française jeta le trouble parmi les conseillers de la couronne, qui ne trouvèrent rien de mieux, pour s'opposer au torrent envahisseur des idées libérales, que de confier la sécurité de l'Espagne à l'inquisition. Le saint office fut donc chargé de surveiller activement l'introduction des journaux et des ouvrages politiques que les presses françaises éditaient chaque jour à grand nombre, et d'empêcher ainsi la propagation des idées révolutionnaires dans la Péninsule. Afin de parvenir à ce résultat, il fit afficher aux portes de toutes les églises de longues listes d'ouvrages dont la possession ou la lecture étaient interdites sous les peines les plus sévères, et ceux qui se permettaient d'émettre en public des opinions favorables à la Révolution étaient immédiatement incarcérés. Touché de cette situation et mû par un noble sentiment d'humanité, Grégoire, évêque de Blois, adressa au grand-inquisiteur d'Espagne des exhortations pour l'engager à abolir le saint office (17 février 1798). Nous détachons de cette lettre le passage suivant, qui en résume l'esprit et la portée : « Qu'il s'anéantisse donc, enfin, ce tribunal dont le » nom seul rappelle tant d'idées affligeantes! qu'il » soit enfin arraché, cet arbre dont le tronc est à Madrid, qui étend ses rameaux à Lima, à Mexico, et » dont les surgeons implantés à Lisbonne, à Goa, y » ont produit des fruits non moins amers! Que sur la

» table des abus détruits, suspendue au frontispice
» du siècle nouveau qui va commencer, l'inquisition
» soit inscrite au premier rang! La religion et l'hu-
» manité n'auront-elles pas encore de quoi s'affliger
» d'être condamnées à conserver de tels souvenirs ? »

Le vœu de Grégoire ne fut réalisé que dix années
plus tard, alors que Napoléon, ayant résolu de s'emparer de la Péninsule, s'acheminait vers Madrid à la
tête d'une armée française. Désireux sans doute de
s'acquérir quelque popularité, Napoléon abolit l'inquisition par un décret daté de Chammartin, près Madrid, le 4 décembre 1808; mais les Cortès ne prononcèrent légalement l'abolition de l'odieux tribunal que
le 22 février 1813. A cette époque les propriétés de
l'inquisition furent estimées à 170,000,000 de réaux,
produisant un revenu de 6,765,000 réaux; le personnel des divers tribunaux de l'inquisition se composait alors de 2,705 officiers, 4,000 syndics ou agents
inférieurs et de 22,000 familiers.

Après la mémorable lutte de 1808 à 1814, et lorsque les Bourbons furent réinstallés, sans doute pour
récompenser l'héroïsme des Espagnols qui leur avaient
conservé le trône, le fanatique et brutal Ferdinand VII
rétablit l'inquisition (21 juillet 1814). La restauration
de l'odieux tribunal fut une cause incessante de troubles et d'agitation, car elle ne servit qu'à satisfaire
des haines individuelles, qu'à poursuivre des crimes
imaginaires, qu'à détruire toute manifestation d'idées
libérales et progressives. Elle se maintint néanmoins,
contre le vœu populaire, pendant huit ans, et pendant cette courte période, des hommes éminents par
leur caractère, par leur patriotisme, furent impitoyablement incarcérés, et quelques-uns même secrètement exécutés; car maintenant le saint office sévis-
sait dans l'ombre et n'allumait pas ses bûchers au
grand jour. Pour faire cesser à tout jamais ces injustes persécutions, les Cortès souveraines abolirent,

en 1822, l'inquisition dans toutes les parties de l'Espagne, à la grande satisfaction de toutes les classes de citoyens, mais aussi à la grande stupeur des moines et des prêtres. Depuis cette époque, aucun tribunal d'inquisition n'a été relevé dans la Péninsule.

Ainsi disparaissait, sous le poids de l'exécration publique et après 341 ans d'existence, l'odieux tribunal qui, pendant ce long espace de temps, avait semé la mort, la terreur et la désolation dans toutes les familles ; — qui avait forcé 2,800,000 habitants paisibles, industrieux, à abandonner leurs foyers ;— qui avait arraché plus de trois milliards de valeurs à leurs légitimes propriétaires ; — qui enfin avait prononcé 347,452 jugements individuels, en vertu desquels 34,658 personnes furent brûlées vives, 18,149 brûlées en effigie, et 294,739 condamnées aux galères, à la prison perpétuelle ou à diverses peines afflictives et infamantes.

C'est au prix de ces poignants sacrifices que l'Espagne parvint à conserver l'unité religieuse, à se soustraire à l'influence de la Réforme ; mais aussi cette séquestration morale la fit descendre au dernier rang des nations.

L'INQUISITION EN PORTUGAL.

L'inquisition fut établie en Portugal sur les mêmes bases que celle d'Espagne (1526-1530) ; c'est assez dire que le même système d'incarcération, de spoliation et de jugements sans défense ni publicité, y prévalut. Mais ce qu'il y a de particulier pour le Portugal, c'est que ce fut un faussaire, un escroc, qui, à l'aide d'une bulle fabriquée de ses mains, y installa le saint office. Alors que les tribunaux de Lisbonne, d'Evora, de Coïmbre fonctionnaient déjà, à la grande satisfaction du clergé, l'imposture fut découverte, et son auteur, Don Juan Perez de Saavedra, dûment appréhendé, expia par dix années de galères son impudente mystification. Mais ce qu'il y a de plus surprenant encore dans cette affaire, c'est que les inquisiteurs, institués par le faussaire, qui jugeaient, torturaient, confisquaient et brûlaient à plaisir, prétendirent être canoniquement institués, et, soutenus par le clergé portugais, ils en référèrent au pape Paul III, qui répondit avec un cynisme révoltant : « Ce qui est fait est fait. » Ainsi, les inquisiteurs intrus restèrent en place, et la persécution marcha les ailes déployées.

Comme en Espagne, l'inquisition de Portugal attaqua surtout les juifs et les Maures nouvellement convertis, que l'on appelait *christiam novos*. Jean III crut pouvoir déjouer les calculs des inquisiteurs en obtenant du pape un pardon général pour tous les accusés de judaïsme ; mais ce pardon ne lia nullement les inquisiteurs, et, avec plus d'ardeur que jamais, ils brûlèrent juifs, Maures et chrétiens.

La restauration de la maison de Bragance (1640), en élevant sur le trône de Portugal un prince populaire, éclairé et énergique, Dom Juan IV, arrêta l'élan que l'inquisition commençait alors à prendre. Ce prince eut d'abord l'idée de supprimer cette odieuse institution ; mais craignant d'irriter Rome et le clergé portugais, il se borna à abolir les confiscations, sachant bien que c'était le point le plus important aux yeux des inquisiteurs. Ceux-ci résistèrent de leur mieux et s'adressèrent au pape, afin qu'il repoussât les prétentions de Dom Juan ; de son côté, le roi tint bon, et l'on obtint par compromis que les confiscations seraient maintenues, mais qu'elles auraient lieu au profit de la couronne : c'est ce que désirait Dom Juan. Dès leur arrestation, il faisait inventorier soigneusement les biens des prévenus, et les leur rendait s'ils sortaient absous des mains de l'inquisition, ou bien il les transmettait à leur famille s'ils étaient condamnés.. Pendant toute la durée de son règne, Dom Juan ne se départit pas une seule fois de cette généreuse résolution, au grand déplaisir des inquisiteurs. Aussi, à la mort de ce prince, le saint office jugea-t-il nécessaire d'en tirer une éclatante réparation : à force de menaces, il obtint de sa veuve la permission d'exhumer les restes du monarque, et de les flageller sur la place publique, afin de faire expier au défunt sa trop grande prédilection pour les judaïsants.

Après cette victoire, les inquisiteurs organisèrent une telle persécution contre les judaïsants, que la cour et les Cortès, indignés de ce barbare acharnement, résolurent d'expulser tous les juifs du Portugal, plutôt que de les laisser dévorer par le feu des bûchers. Mais, ô revirement imprévu de l'esprit humain! les inquisiteurs s'opposèrent à cette mesure, afin, sans doute, d'avoir toujours sous la main des sujets propres à tourmenter; car les juifs et les *christiam novos* une fois expulsés, l'inquisition n'avait plus raison d'être dans un pays de dévotion fervente. L'expulsion fut donc ajournée, et dès que cette affaire fut assoupie, on poursuivit avec une nouvelle ardeur les *christiam novos* et leurs adhérents. Les juifs furent définitivement expulsés sous le règne de Dom Pedro II.

La dernière période de l'existence de l'inquisition en Portugal s'écoula au milieu d'oscillations sans nombre : tracassière et féroce sous les rois faibles et fanatiques, tolérante sous les gouvernements forts et éclairés, elle régla, en un mot, sa conduite d'après le plus ou moins de latitude qu'on lui laissait. Ainsi, en 1777, sous l'habile et énergique administration du marquis de Pombal, l'inquisiteur général, quoique frère naturel du roi, fut incarcéré sans aucun ménagement pour avoir essayé de contrecarrer les projets du premier ministre, qui étaient en opposition avec les vues de Rome.

Pendant les dernières années du xviiie siècle, le Portugal se ressentit des troubles politiques qui agitaient l'Europe; au commencement du xixe, le souverain et sa cour furent obligés d'émigrer au Brésil, et le pays fut sans cesse occupé par des armées étrangères. Pendant ces deux époques, l'inquisition s'effaça complétement; elle reprit quelque activité au retour de Jean VI et sous le néfaste gouvernement de Dom Miguel. Mais aussitôt que Dom Pedro fut parvenu à établir et à consolider sa fille Dona Maria sur le trône (1833), il sévit vigoureusement contre le clergé, qui lui avait été hostile dans ses démêlés avec Dom Miguel son frère; il supprima un grand nombre de couvents et anéantit à tout jamais les tribunaux du saint office !

CHAPITRE VII

Dynastie des Habsbourg

(1516 — 1700)

CHARLES Ier OU CHARLES-QUINT. — PHILIPPE II. — PHILIPPE III. — PHILIPPE IV. — CHARLES II.

L'avénement de la dynastie des Habsbourg à la couronne d'Espagne fut essentiellement nuisible aux véritables intérêts de la Péninsule; le caractère national se trouva amoindri, rabaissé par l'influence étrangère, et les guerres sans nombre que le chef de cette dynastie eut à soutenir, pendant la durée de son règne, contre les principales puissances de l'Europe, guerres complétement étrangères à la nationalité espagnole, épuisèrent en pure perte les ressources de la Péninsule.

Lorsque Ferdinand VI mourut (janvier 1516), son

petit-fils et successeur, Charles (Charles Ier en Espagne, Charles-Quint en Allemagne) avait à peine seize ans, et résidait à Bruxelles, sous la direction de Guillaume de Croy, seigneur de Chièvres, son gouverneur, et d'un ecclésiastique flamand, Adrien d'Utrecht, son précepteur. Le père de Charles, Philippe d'Habsbourg, était mort en 1506, et sa mère, Jeanne, fille de la grande Isabelle, privée de la raison, vivait reléguée à Tordesillas, petite ville de l'Estramadure. Le jeune prince ne se hâta pas d'aller prendre possession de la couronne qui lui était dévolue : il se borna à laisser gouverner le cardinal Ximenès, personnage politique d'un grand caractère, et bien capable de faire respecter l'autorité du monarque absent. Ce ministre profita des pouvoirs momentanés qui lui étaient conférés pour dépouiller l'aristocratie d'une partie de ses priviléges et former un corps de troupes permanent, création qui diminua notablement l'influence de la noblesse.

Dix-huit mois après la mort de Ferdinand, Charles se décida enfin à se rendre en Espagne (août 1517), où, sans égards pour sa malheureuse mère qui était reine de droit, il exigea, non sans éprouver une vive résistance, qu'on le reconnût pour souverain et qu'on lui prêtât serment. Les principales villes du royaume s'insurgèrent contre cette prétention, et ce ne fut qu'à force d'hypocrites concessions et de vaines promesses que Charles obtint le serment de fidélité ainsi que les subsides dont il avait besoin. C'est au milieu de ces luttes et de ces défiances que l'on apprit la décision de la diète d'Augsbourg : elle venait d'élever le jeune souverain des Espagnes à la dignité d'empereur d'Allemagne (28 juin 1519).

Charles aurait désiré se rendre sur-le-champ en Allemagne pour y faire consacrer son élection ; mais avant d'entreprendre ce voyage il voulut s'assurer le concours des Cortès du royaume, faire agréer par elles les lieutenants qu'il laissait en Espagne pour y exercer l'autorité en son absence et obtenir des secours annuels pour satisfaire aux exigences de sa nouvelle situation. Les députés des principales villes refusèrent énergiquement toute espèce de subsides, tant que le roi n'aurait pas donné l'assurance que les emplois publics ne seraient occupés que par des Espagnols ; — que les impôts consentis seraient toujours affectés au service du royaume, — et qu'enfin, lui-même, toujours résidant dans ses États, exercerait en personne l'autorité royale. Charles promit tout et plus qu'il ne pouvait, satisfit à peine aux exigences du moment, quitta l'Espagne à la hâte, et Ximenès étant, depuis trois ans, descendu dans la tombe, la régence fut confiée au cardinal Adrien, son ancien précepteur flamand.

Le 6 janvier 1521, Charles fut sacré à Aix-la-Chapelle. Nous le laisserons là se démêler avec les protestants d'Allemagne, puis s'engager dans des luttes sans fin avec François Ier, car l'intérêt de l'Espagne est étranger à toutes ces contentions ; nous en agirons ainsi pour tous les événements qui, sous ce règne, s'accompliront en dehors de la Péninsule, renvoyant le lecteur à l'*Histoire de la maison d'Autriche*, résumé complet et consciencieux des actes de chacun des membres de cette maison souveraine, rédigé exprès pour la *Bibliothèque utile*, par M. Charles Rolland, ancien représentant de Saône-et-Loire (1).

Dès que Charles eut quitté l'Espagne, la bourgeoisie, à laquelle s'étaient réunis le clergé et la noblesse,

(1) Afin d'éviter les doubles emplois, nous avons détaché des histoires spéciales les histoires particulières des divers États annexés momentanément au royaume dont nous nous occupons. Ainsi, en ce qui concerne les pays placés en dehors de la Péninsule, et sur lesquels l'Espagne a exercé une certaine action, on en trouvera l'histoire sous leurs titres respectifs : Naples, Sicile, Belgique, Hollande, Amérique, etc.

indignés des concessions que les Cortès avaient faites
au roi, sans en obtenir des garanties sérieuses pour
l'avenir, avait fomenté dans toutes les villes une
sourde agitation, qui éclata presque simultanément
à Tolède, Valladolid, Ségovie. Le cardinal Adrien
voulut dissiper les agitateurs par la force; mais les
troupes royales furent battues, et un patriote intré-
pide, Don Juan de Padilla, se mettant à la tête des
mécontents, le pouvoir se trouva sérieusement menacé et la ligue fortement constituée.

Charles crut calmer les esprits en adjoignant au
cardinal Adrien, en qualité de corégents, Don Fa-
drique Henriquez et le grand-connétable de Castille,
Don Inigo de Velasco, personnages environnés de
l'estime publique; mais cette concession, offerte à
des insurgés victorieux, était trop tardive et insigni-
fiante. Les *Comuneros*, tel est le nom que se donnaient les insurgés, car ils représentaient les différentes corporations de citoyens qui composaient la
commune, répondirent à la cédule royale par un
programme détaillé de toutes leurs exigences : ils voulaient que le roi ne pût contracter mariage qu'avec
l'assentiment des Etats; — qu'il n'introduisît jamais
en Espagne des troupes étrangères; — que les bénéfices ecclésiastiques et les emplois civils ou militaires
ne fussent exclusivement occupés que par des Espagnols; — que les Cortès fussent assemblées tous les
trois ans, pour prendre connaissance des affaires de
l'Etat; — que les nobles et les ecclésiastiques fussent assujettis aux mêmes taxes que les autres citoyens; — enfin, que les évêques non résidents fussent privés de leurs traitements, etc., etc.

En rédigeant ce sévère programme, les comuneros
ne s'aperçurent pas qu'ils s'aliénaient ainsi la noblesse
et le clergé. Dans les premiers moments de l'agitation,
les nobles avaient fait cause commune avec la bourgeoisie, parce qu'ils trouvaient là une excellente oc-

casion de rabaisser la couronne; mais dès qu'ils virent que la démocratie voulait porter atteinte à leurs prérogatives, ils firent volte-face et offrirent leurs contingents au roi. Cette défection entraîna la ruine des ligueurs.

Dès ce moment, ni Charles-Quint ni ses lieutenants ne voulurent accepter le programme formulé par les comuneros, et de part et d'autre on courut aux armes. La régence ne disposait que de 15,000 hommes aguerris et bien disciplinés; l'armée des comuneros, plus nombreuse, mais sans aucune habitude des manœuvres militaires, était hors d'état de se mesurer avec les troupes royales. Ce fut cependant elle qui, sous les ordres de Don Pedro de Giron, offrit le combat; pour prix de sa témérité, elle éprouva une défaite complète, et abandonna la position de Tordesillas où elle s'était fortifiée. S'étant ensuite reformés sous les ordres de Don Juan de Padilla, le promoteur de l'insurrection, les comuneros furent encore mis en pleine déroute à Villalar (23 avril 1521), et leurs principaux chefs, étant tombés au pouvoir des royalistes, eurent la tête tranchée. Avec la défaite des comuneros, la liberté castillane disparut, ou mieux encore l'esprit national fut vaincu ! Désormais l'Espagne ne sera plus que l'instrument belliqueux et asservi de l'empereur.

Donnons encore un dernier témoignage de sympathique intérêt aux débris des braves et malheureux comuneros.

A ses derniers moments, Padilla avait adressé à la municipalité de Tolède, sa ville natale, et à sa femme, bientôt sa veuve, Dona Maria Pacheco, deux lettres empreintes d'une haute résignation et d'un profond attachement pour le pays. Ces lettres, lues publiquement, réveillèrent l'enthousiasme patriotique, et l'on vit les derniers survivants des comuneros, réunis par la veuve de Padilla, résister, dans l'Alcazar de Tolède, à tous les efforts des royalistes. Cette résistance dura trois mois. Après la chute de Tolède, les principales villes : Valladolid, Medina del Campo, Ségovie, firent leur soumission, et le retour de Charles acheva d'assurer la tranquillité publique.

Ce fut pendant les troubles suscités par les comuneros que Henri d'Albret, comte de Périgord, qui sous le précédent règne avait épousé une princesse de la maison de Navarre, fit, à l'instigation et avec le secours de François Ier, une tentative sur la Navarre espagnole. L'armée française assiégea et prit Pampelune, qui, selon quelques auteurs, était défendue par Ignace de Loyola, le futur fondateur de la célèbre société de Jésus. Cependant les Français, au lieu de se fortifier dans la Navarre, furent battus à Navas de Esquiros et repoussés au delà des Pyrénées.

C'est ici que commence la rivalité à main armée de François Ier et de Charles-Quint ; or, comme ce n'est pas à propos de l'Espagne que naquit cet antagonisme, mais bien à cause de la succession de Charles le Téméraire, et surtout à cause du titre d'empereur d'Allemagne, qui avait été déféré à Charles et que François ambitionnait, nous ne ferons que mentionner ici ces luttes, sans en suivre toutes les péripéties. L'intérêt de l'Espagne ne se trouve, en effet, nullement engagé dans ces longues contentions : soit que Charles cimente des alliances avec le pape et l'Angleterre pour accabler les Français ; soit qu'il encourage le connétable de Bourbon à une honteuse défection pour opposer le traître au féal Bayard ; soit qu'il s'empare ou qu'il inféode le Milanais ; qu'il batte les Français à Pavie et y fasse prisonnier leur roi ; soit que, pour rompre la ligue formée contre lui par le pape, l'Angleterre, la France et l'Italie, il déchaîne contre le Vatican la soldatesque effrénée du connétable et qu'il soumette le pape Clément VII, instigateur de cette ligue, à une amende de 400,000 écus d'or : l'Espagne assiste, impassible, à tous ces événements : car il n'y a pour elle ni gloire, ni avantage matériel à leur accomplissement ; elle n'a qu'à subir la douleur des sacrifices en hommes et en argent qu'elle s'est imposés. Eh ! qu'importent à l'Espagne le schisme de Luther, la diète d'Augsbourg, les conférences de Spire et la ligue de Smalkade et les soulèvements de Munster ! que lui importe que Charles protége ou défasse la Réforme ! A toutes ces luttes de casuiste où la parole et les armes ont tour à tour le dessus, l'Espagne n'a rien à perdre, n'a rien à gagner ; l'inquisition ne la tient-elle pas toujours étroitement bâillonnée ?

A toutes ces guerres lointaines entreprises par le grand empereur, l'Espagne n'eut aucun intérêt, si ce n'est aux deux expéditions en Afrique, dirigées en personne par Charles-Quint, pour réprimer les pirateries des corsaires de Barberousse, qui désolaient l'Espagne, la Sicile et Naples.

La première de ces deux expéditions eut un plein succès (1535) : les Barberousses s'étaient emparés de Tunis pour y développer encore leur système de courses ; Charles-Quint, à la tête de 500 navires et de 30,000 hommes de débarquement, se porte sur Tunis, franchit la Goulette, pénètre dans la ville, disperse ou massacre les pirates de Barberousse, replace sur le trône l'ancien bey de Tunis dépossédé, et rentre triomphant dans les ports d'Espagne, ramenant 10,000 chrétiens qu'il avait délivrés de l'esclavage. La seconde expédition, ayant le même but que la première, fut désastreuse (1541). Restés maîtres d'Alger, les Barberousses tenaient en alarme toutes les côtes de la Méditerranée ; irrité de ces attaques continuelles, Charles prit la résolution d'y mettre fin en s'emparant de la ville qui servait de repaire aux pirates. Il vint, en effet, débarquer non loin d'Alger avec une armée de 25,000 hommes, l'élite de ses troupes ; mais à peine sur le rivage, et avant que les tentes fussent dressées, une tempête effroyable éclate sur le camp, disperse et brise les navires ! Barberousse profite de l'orage pour fondre sur les Espagnols et en fait un horrible carnage. L'ordre d'embarquement est donné; mais une nouvelle tempête assaillit la flotte, qui ne put ramener que des débris en Espagne. Charles-Quint honora sa défaite par la fermeté de son caractère, la sollicitude qu'il eut pour son armée, accablée par les éléments, et montra un courage supérieur à tous les périls.

C'est entre ces deux expéditions que, mettant à profit le prestige que lui avait donné la prise de Tunis, Charles-Quint porta une grave atteinte aux libertés politiques de l'Espagne. Mécontent de la résistance qu'il avait éprouvée de la part de la noblesse et du clergé pour l'établissement de nouveaux impôts, il élimina des Cortès ces deux ordres, sous le prétexte que, n'étant pas soumis aux mêmes charges que les autres citoyens, ils n'avaient aucun droit à voter les impositions publiques. Il ne resta donc aux Cortès que les procureurs ou députés des dix-huit villes principales du royaume, lesquels, dépourvus d'appui, tombèrent sous la dépendance de la cour. Ainsi, par une révolution que personne n'avait prévue, la noblesse et le clergé, qui avaient fait échouer la révolution tentée par les comuneros, furent punis de leur défection. Écartés des États, ils perdirent tout pouvoir politique et ne conservèrent que de vaines distinctions honorifiques.

A peine sorti des embarras qu'il venait de rencontrer en Castille, Charles fut obligé de se rendre en Belgique pour apaiser le soulèvement des Gantois, qui, eux aussi, se refusaient à payer les impôts qu'ils n'avaient pas consentis. Mais, dénués d'armes et de troupes, ils furent obligés d'accepter le fardeau, et vingt-six des principaux défenseurs des priviléges de la cité portèrent leur tête sur l'échafaud. Après avoir pacifié les Pays-Bas d'une façon si terrible, Charles se rendit en Allemagne, où les catholiques et les protestants préludaient, par des disputes théologiques, aux guerres sanglantes qui pouvaient seules terminer leur querelle. Ici encore, comme nous l'avons fait précédemment, nous nous garderons bien de suivre l'illustre monarque au sein des conférences de Ratisbonne, ni de rechercher les causes qui amenèrent l'ouverture du concile de Trente, qui devait tout apaiser et qui ne fît qu'irriter. Nous dirons seulement qu'au milieu de ces graves différends, les principaux antagonistes de Charles-Quint descendirent au tombeau : Luther meurt en 1546, Henri VIII et François Ier en 1547 ; et cependant la Réforme, plus vivace que jamais, résiste toujours à l'empereur et l'oblige à s'avouer vaincu devant une idée.

Voici les dernières phases de ce règne :

Lorsque la ligue protestante eut pris pour chef Maurice de Saxe, qui précédemment avait été lieutenant de Charles-Quint, Henri II, roi de France, y accéda par un traité secret (1551) ; et alors eut lieu la cinquième guerre de rivalité que la maison de Valois soutenait contre les Habsbourg. Après avoir occupé les trois évêchés : Metz, Toul et Verdun (1552), Henri voulut encore défier l'empereur en conduisant sa cavalerie boire les eaux du Rhin. Pour répondre à cette bravade, Charles-Quint s'avança contre Metz avec une armée de 100,000 hommes ; mais François de Lorraine, duc de Guise, s'était enfermé dans cette place avec un grand nombre de jeunes seigneurs de la cour et la défendit vaillamment. L'empereur fut contraint de se retirer, après avoir perdu 30,000 hommes ; et les débris de ses troupes, pour se venger de leur défaite, saccagèrent la Picardie, s'emparèrent de Térouane et démolirent cette ville. Henri II prit sa revanche en ravageant le Brabant, le Hainault et le Cambrésis ; il défit ensuite Charles-Quint à Renti,

Mais la perte de la bataille de Marciano, en Italie, où les Français avaient commencé à faire une guerre de diversion, vint balancer tous leurs succès ; aussi les deux parties belligérantes. fatiguées, signèrent à Vauxcelles, près Cambrai (1556) , une trêve de cinq ans, qui dura à peine cinq mois.

Cependant le pouvoir s'était rempli d'amertumes pour le vieil empereur, et souvent on l'entendait dire à son entourage : « *Como se conoce qué la Fortuna es dama cortesana, qué gusta de los mozos y se cansa de los viejos* (1). En effet, tout en ce moment n'était que ruines autour de Charles-Quint : ses royaumes étaient écrasés, ses troupes avaient perdu tout ressort moral, ses projets avaient été déjoués par l'habileté de Maurice de Saxe, l'Allemagne devenait de plus en plus menaçante, la diète d'Augsbourg proclamait la liberté civile et religieuse ; les catholiques eux-mêmes étaient. outrés que, par son statut de l'*intérim*, il rêvât la domination des esprits, tandis que celle des corps lui échappait. Aussi, accablé de chagrins, tourmenté par des douleurs de goutte incessantes, ne pouvant obtenir de la France une paix honorable, Charles prit le parti de se démettre de toutes ses couronnes et de clore sa carrière par une abdication solennelle. A cet effet, il convoqua à Bruxelles les États des Pays-Bas (25 octobre 1555), et là, après avoir récapitulé sa vie, exalté la plupart de ses entreprises, il déclara que ses forces, brisées par les infirmités et les travaux, n'étant plus suffisantes pour soutenir le poids d'un si grand empire. il avait résolu de renoncer à ses royaumes et de mettre à sa place un homme robuste et exercé à gouverner ; puis, s'adressant à son fils qui allait prendre le nom de Philippe II, il lui fit cette

---

(1) La Fortune, hélas ! n'est qu'une courtisane ; elle sourit aux jeunes et dédaigne les vieux.

recommandation hypocrite, qu'il avait tant de fois enfreinte : « Conservez, lui dit-il, un respect invio- » lable pour la religion ; que les lois du pays vous » soient sacrées ; n'attentez ni aux droits, ni aux » priviléges de vos sujets ! » Il le fit ensuite reconnaître souverain des Pays-Bas, puis il lui transmit ses États d'Italie et ses royaumes d'Espagne ; enfin, il résigna l'empire à son frère Ferdinand (27 août 1556), sans se faire illusion sur le préjudice que cette scission allait occasionner à la race des Habsbourg.

Après cette triste solennité, Charles-Quint se retira dans le couvent de San-Juste, près de Palencia, dans l'Estramadure, où il vécut deux ans, tourmenté par la terreur secrète que Philippe II, son fils, catholique sévère, dominateur inquiet, pourrait bien livrer son nom à l'inquisition et faire poursuivre sa mémoire pour les atteintes qu'il avait portées à l'autorité du pape et pour les vastes déchirements occasionnés à l'empire. Les travaux manuels auxquels il se livrait dans sa retraite ne pouvaient le distraire de cette frayeur ; enfin, par une bizarrerie d'esprit inexplicable, il voulut assister pendant sa vie à un spectacle auquel on n'assista guère qu'après sa mort. Au milieu de l'église de San-Juste, il fit dresser un vaste cénotaphe dans lequel il se plaça tout allongé, entendant faire pour lui-même les prières qu'on adresse à Dieu pour les trépassés. Il ne sortit de sa bière anticipée que pour se mettre dans un lit où il fut saisi d'une fièvre violente et mourut le lendemain, 21 septembre 1558, léguant à la postérité le souvenir d'un homme dévoré par une ambition insatiable, et qui, pour la satisfaire, ne craignit pas de mettre l'Europe en combustion.

L'Espagne continua, sous le règne de Philippe II, à jouir de l'influence que lui avaient acquise les succès d'Isabelle et l'ambition de Charles-Quint. Déjà, en épousant Marie Tudor, alors qu'il n'était que prince des Asturies, Philippe avait pu espérer que la Grande-Bretagne adopterait désormais la politique espagnole ; en effet, tant qu'elle vécut cette princesse servit la cause de son mari contre Henri II, roi de France. L'avénement d'Elisabeth au trône d'Angleterre rompit cette alliance ; mais Philippe II ne suivit pas moins les grands desseins de Charles-Quint, comme s'il l'eût représenté tout entier, et que l'empire n'eût pas été divisé. Les hostilités entre la France et l'Espagne éclatèrent simultanément en Italie et dans les plaines de la Champagne ; mais aussitôt après la victoire de Saint-Quentin (1557), Philippe fit la paix avec Henri II et se retira en Espagne, où désormais, dans le repos et le mystère, il développa, pendant quarante ans, une politique nouvelle, cherchant à établir sa prépondérance par le catholicisme et la diplomatie plutôt que par les conquêtes.

Jusqu'à Philippe II, les souverains, ses prédécesseurs, avaient résidé les uns à Burgos, les autres à Saragosse, Tolède ou Séville ; ce prince voulut établir à toujours le siége du gouvernement à Madrid, et, non loin de cette capitale, il choisit, pour son séjour habituel, un lieu retiré et solennel dans les montagnes de l'Orospeda, d'où il pouvait à la fois dominer Madrid et la Nouvelle-Castille. C'est là qu'il fit construire, sur les dessins de Louis de Foix, architecte français, et en vingt-quatre ans, au prix de 400,000,000 de réaux, un palais ou plutôt un couvent, qui, pour rappeler la victoire de Saint-Quentin remportée le 10 août 1557, jour de la fête de Saint-Laurent, reproduisait les formes du gril sur lequel ce martyr avait expiré. C'est l'*Escurial*, que l'on aperçoit de sept lieues, avec un cloître aux voûtes hardies, une église tout étincelante de dorures et de marbres précieux, et une bibliothèque enrichie des dépouilles de l'Italie. Philippe II occupait les parties les plus reculées de ce vaste palais, et de là, avec une exactitude minutieuse, il expédiait lui-même toutes les affaires de son empire.

Pour que l'Espagne pût prétendre à constituer un jour l'unité de l'Occident, Philippe II exalta en elle le sentiment religieux et la chargea de défendre contre les révoltes de l'hérésie la religion qu'elle avait rendue victorieuse de l'islamisme. Ce zèle que les Espagnols avaient pour le catholicisme, et qui se confondait chez eux avec l'amour du pays, fut peut-être un mobile plus puissant que l'ambition toute personnelle de Charles-Quint pour la monarchie absolue. C'est d'abord contre les Maures que s'exerça leur haine fanatique : ces malheureux descendants des anciens souverains de l'Espagne vivaient, depuis la conquête de Grenade, dans la plus complète abjection ; l'inquisition trouva que ce n'était pas encore assez, et, de concert avec Philippe, elle voulut en faire des chrétiens fervents ; ils résistèrent à cette prétention et furent l'objet des plus odieuses persécutions. Réduits au désespoir, les Maures cherchèrent des appuis au dehors ; ils crurent les avoir trouvés, soit auprès de Sélim, empereur des Turcs, soit auprès des puissances barbaresques ; mais leurs trames ayant été découvertes, ils furent accablés par les troupes espagnoles, dépouillés de leurs biens par les agents du roi, et obligés d'abjurer leur religion pour embrasser le christianisme, c'est-à-dire de se livrer pieds et poings liés aux bourreaux du saint office (1568). Désireux de se venger de Sélim, Philippe s'allia aux Vénitiens, et, équipant ensemble une flotte formidable, il ordonna d'attaquer les Turcs partout où on les rencontrerait. La bataille la plus décisive leur fut livrée dans le golfe de Lépante, où les Espagnols et Don Juan, frère naturel du roi, se couvrirent de gloire en dispersant la flotte ottomane (1571). Philippe voulut poursuivre ses succès en assiégeant Tunis ; mais il échoua complétement dans cette entreprise.

C'est maintenant contre l'hérésie que Philippe va diriger ses fureurs. Dès que le concile de Trente eut promulgué ses canons, ce prince, revêtu des titres de *Protecteur de l'Eglise* et *Vicaire du saint siége*, invita l'Europe à en recevoir les décrets, et partout où il proclama les décisions du concile qui établissaient l'autorité du pape, il instituait l'inquisition, qui garantissait la sienne. Mais le Milanais et le royaume de Naples firent une vigoureuse résistance, et les Pays-Bas entreprirent une guerre d'affranchissement qui eut pour résultat de détacher de la couronne d'Espagne la plus grande partie de ces provinces, qui se constituèrent en république (1579).

Comme pour compenser la perte des Pays-Bas, Philippe II acquit un nouveau royaume d'une façon inespérée. Dom Sébastien, roi de Portugal, ayant voulu tenter une expédition contre le Maroc, vit bientôt toutes ses espérances déçues, et lui-même resta au nombre des morts sur le champ de bataille d'Alcaçarquibir (1578). Son oncle, le cardinal Henri, se présenta pour lui succéder; il était vieux, infirme, et ne conserva le pouvoir que deux ans, laissant après sa mort le trône à l'ambition des prétendants : ils étaient six. Voici les plus sérieux : les deux branches masculines de la maison de Portugal se trouvant éteintes, la succession revenait de droit aux filles du roi Dom Manoël, prédécesseur de Dom Sébastien ; l'une d'elles, l'aînée, était Isabelle, mère de Philippe II ; la seconde, Béatrix, avait épousé le duc de Savoie. Cependant, un prêtre, Dom Antonio, frère naturel des deux princesses, osa ceindre la couronne et se fit reconnaître par une partie de la nation. Ce fut alors que Philippe invoqua les droits qu'il tenait de sa mère d'après l'ordre de primogéniture, et, par l'épée du duc d'Albe, acheva en quelques jours la conquête du pays, ainsi que la soumission des immenses établissements que ce petit royaume avait formés jusque dans les contrées les plus reculées de l'Asie (1580).

Maître alors de toute la Péninsule, qui, depuis les Visigoths, ne s'était jamais trouvée réunie sous le même sceptre, — du Milanais et du royaume de Naples, qui lui donnaient sur l'Italie une grande influence; — de la Flandre et de la Franche-Comté, qui pressaient la frontière française; — de l'Afrique orientale, où les Portugais avaient formé de nombreux établissements; — des îles et des vastes contrées du Nouveau-Monde, où commençait à prévaloir un meilleur système d'administration, gouvernant à son gré un tiers de l'Europe, influent dans le second tiers par la maison d'Autriche, Philippe entreprit encore de dominer la France et l'Angleterre, sources de toutes les résistances qu'il éprouvait. Il se présenta dans ce grand combat, non point comme un conquérant antique, mais comme le défenseur de la foi; non pour recommencer le rêve des empereurs, mais pour soutenir l'unité religieuse.

L'Angleterre et la France ne cessaient d'exciter les révoltés des Pays-Bas et leur donnaient à la fois une assistance morale et effective. Philippe équipa secrètement un grand nombre de vaisseaux de haut-bord, armés de 2,650 canons, montés par 8,000 matelots, et portant 30,000 hommes de troupes; c'était l'*Invincible Armada*, destinée à insurger l'Irlande et à conquérir l'Angleterre. Le duc de Medina-Cœli commandait cette expédition, l'une des plus formidables que l'on eût jamais vues. Elisabeth, qui régnait alors en Angleterre, comprenant bien que c'était un moment suprême, exalta le zèle de son peuple, en promettant de mourir pour sa défense; et, si la tempête n'avait anéanti la flotte espagnole, elle eût résisté difficilement aux attaques désespérées des marins anglais. Les débris de cette expédition rentrèrent confus dans les ports espagnols, et Lope de Vega, qui avait été embarqué pour chanter la victoire, fut réduit au silence (1588).

Philippe II dirigea alors ses derniers efforts contre un autre ennemi : il jeta ses émissaires, son or, ses soldats sur la France. Ne tenant aucun compte de la loi salique, il voulait faire passer la couronne de France sur la tête de sa fille Isabelle, née d'Elisabeth, fille de Henri II, sa seconde femme. Pour se créer des partisans, il soudoyait la Ligue, entretenait à Paris un corps de troupes espagnoles, et enfin, le 28 juin 1593, il crut pouvoir faire déclarer par son ambassadeur qu'il avait choisi le duc de Guise pour mari de l'infante et le proposait pour roi de France. Mais le parlement de Paris, et à sa tête l'évêque de Senlis, un des plus ardents ligueurs, repoussèrent avec emportement cette proposition comme contraire à la loi fondamentale du royaume et violant son indépendance. Les succès de Henri IV, la bataille qu'il gagna à Fontaine-Française sur les Espagnols, le 5 juin 1595, son abjuration, sa réconciliation avec le pape et les principaux ligueurs, mirent à néant les projets de Philippe et l'obligèrent à signer la paix de Vervins (2 mai 1598), qui donna à la France plusieurs places fortes, entre autres Calais, Ardres, Dourlens ; et les Pays-Bas, démembrés, devinrent l'apanage d'Isabelle, qui fut mariée à Albert, archiduc d'Autriche. Philippe ne survécut que très peu de temps à la signature de ce traité ; il mourut le 13 septembre suivant, après un règne de quarante années.

Fanatique, opiniâtre, sanguinaire, Philippe II lutta pendant tout son règne contre les progrès de la Réforme ; il la poursuivit par tous les moyens, en Espagne, en Angleterre, en France et dans les Pays-Bas. Ce prince cruel n'épargna pas même sa famille : il hâta la mort de son frère naturel Don Juan d'Autriche et fut l'auteur de celle de son propre fils, Don Carlos. Sous son règne, les colonies rapportèrent immensément d'or et d'argent ; mais Philippe consuma follement toutes ces richesses à la poursuite de ses vains projets de domination universelle ; et à sa mort, l'Espagne, qui avait pesé sur l'Europe de tout le poids de ses armes, de ses trésors et de ses intrigues, conservait à peine quelques vestiges de cette influence et de cette splendeur. Sans argent, sans population, sans agriculture, sans industrie, il ne lui restait qu'un orgueil opiniâtre que rien ne justifiait, lorsque Philippe III prit les rênes du gouvernement.

Fils de Philippe II et d'Anne d'Autriche, sa quatrième femme, Philippe III avait à peine vingt ans lorsqu'il fut appelé au trône (1599). Il ne pouvait y arriver dans des circonstances plus critiques : l'Espagne se trouvait déjà placée sur cette pente fatale qui devait insensiblement la conduire à sa ruine. Il aurait donc fallu, pour la retenir, une main plus puissante que celle que lui pouvait offrir le jeune monarque. Comme tous les princes privés d'énergie, dominé par des ministres intrigants, ambitieux sans patriotisme, Philippe III n'agit que par ses créatures et les laissa faire impunément. C'est d'abord le duc de Lerme, qui, de simple écuyer, fut élevé au rang de premier ministre, et qui, pour remplir les caisses vides du trésor, imagina de nouveaux impôts, altéra les monnaies et prétendit obliger les églises et la grandesse à envoyer leur vaisselle d'argent à la *hacienda* (finances publiques); le clergé et la noblesse couvrirent de leur mépris le malencontreux ministre, et le trésor ne jouit point de cette déplorable ressource. Le duc de Lerme fut plus heureux dans une mesure qui porta le plus grand préjudice aux intérêts de la Péninsule. A l'instigation de Don Juan de Ribera, archevêque de Valence, il proposa au roi d'extirper de l'Espagne jusqu'au dernier Maure ; car cette race, quoique peu nombreuse, était, disait-il, essentiellement hostile au christianisme, et faisait obstacle à l'unité religieuse du royaume ; l'inquisiteur général, frère du duc de Lerme, partagea hautement son opinion, et Philippe III, à qui tout était indifférent pourvu que l'on ne troublât point son quiétisme, laissa faire. En effet, le 10 septembre 1609, il fut rendu un édit qui obligeait tous les Maures, indistinctement, à sortir d'Espagne sous le plus bref délai, ne pouvant emporter avec eux que des marchandises. Le roi confisqua l'or, l'argent, les pierreries, les immeubles des proscrits, et en accorda le quart à la noblesse comme dédommagement de la perte qu'elle éprouvait par l'éloignement des Maures qui tenaient à ferme la plupart des terres des seigneurs espagnols. L'ordre du roi s'exécuta avec la dernière rigueur, et 800,000 Maures quittèrent la Péninsule, accablés de douleur et de misère; les deux tiers périrent sans avoir pu trouver d'asile; 30,000 essayèrent de résister les armes à la main, ils furent massacrés par l'artillerie espagnole. Aussitôt après ces exécutions, les manufactures languirent, le sol fut à peine cultivé et le dénûment remplaça la richesse : ainsi l'Espagne subit la peine de son inhumanité. Le ministre, instigateur de cette odieuse persécution, ne tarda pas à éprouver lui-même le châtiment de sa mauvaise action. Son fils, le comte d'Uceda, appelé de bonne heure aux affaires, s'imagina de supplanter son père : adroit, souple, insinuant, le comte d'Uceda était parvenu à capter la confiance du roi, et, de concert avec le moine Aliaga, confesseur de Philippe, ils décidèrent le monarque à se défaire d'un ministre qui n'avait marqué sa trop longue carrière que par des fautes consécutives. Philippe III consentit à cet éloignement sans témoigner le moindre regret, et le comte d'Uceda, avec une effronterie sans égale, recueillit les dépouilles de son père, c'est-à-dire toutes ses dignités, et en échange, il ne mit au service de la couronne qu'une capacité des plus vulgaires. L'un des actes les moins impolitiques du duc de Lerme fut le double mariage du prince des Asturies avec Elisabeth, fille de Henri IV, et celui de l'infante Anne d'Autriche avec le jeune Louis XIII.

Les dernières années du règne de Philippe n'offrent qu'un seul événement auquel l'Espagne prit part : ce fut la guerre religieuse qui éclata en 1618, et qui, se répandant dans toute l'Allemagne, amena cette lutte si longue et si meurtrière, connue sous le nom de *Guerre de Trente Ans*. L'électeur palatin ayant accepté la couronne de Bohême, le marquis de Spinola, Génois d'origine, à la tête d'une armée espagnole, envahit le Palatinat (1620) et battit les troupes de l'union protestante. Les succès de ce général furent bientôt suivis de la mort de Philippe, qui, au retour d'un voyage en Portugal, expira le 31 mars 1621, dans sa quarante-troisième année. Il avait régné ou plutôt végété sur le trône pendant vingt-trois ans, ne prenant au sérieux de son métier de roi que la représentation. Soit paresse, soit incapacité, il ne commanda jamais en personne ses armées ; sa douceur dégénérait en faiblesse, sa dévotion en bigotisme ; une incurie morbide dominait toutes ses actions, et il laissa à son fils, Philippe IV, la monarchie aussi malade qu'il l'avait reçue.

Philippe IV avait à peine seize ans lorsqu'il succéda à son père, et fût pendant la plus grande partie de son règne sous la tutelle de son premier ministre, le comte-duc Olivarès. Il tenta cependant d'encourager l'industrie, fit la guerre aux Provinces-Unies où, grâce au talent de Spinola, qui leva des troupes à ses frais, la cause espagnole se maintint dans une bonne situation. Ce général s'empara d'Ostende, de Breda et marcha au secours du duc de Savoie contre les Français ; mais, desservi auprès de Philippe IV, il perdit la confiance du monarque et mourut de chagrin.

Après la disgrâce de Spinola, la guerre avec les Provinces-Unies devint désastreuse, et la Hollande fut définitivement perdue pour l'Espagne. Philippe noua

ensuite diverses intrigues avec les calvinistes français, ainsi qu'avec les ennemis de Richelieu, et finit
par entamer avec la France la célèbre guerre que devait terminer la *paix des Pyrénées*. Mais l'événement
le plus désastreux de ce règne fut la brusque séparation du Portugal.

Depuis qu'ils étaient passés sous le sceptre des rois
d'Espagne, les Portugais avaient toujours aspiré à reconquérir leur nationalité. En voyant leurs colonies,
si riches autrefois, dévastées maintenant par les Anglais et les Hollandais, leur royaume laissé comme une
proie aux agents espagnols, dont le brigandage accrois-
sait chaque jour la misère publique, quelques seigneurs résolurent de délivrer leur pays d'un joug si
odieux, et offrirent la couronne au duc de Bragance,
issu des anciens rois de Portugal. La duchesse de
Mantoue, proche parente de Philippe IV, remplissait
alors à Lisbonne les fonctions de vice-reine, ayant
pour premier ministre un Portugais nommé Vasconcellos, dont la tyrannie était surtout odieuse à ses
compatriotes. Les conjurés, parmi lesquels se trouvait
l'élite de la nation, se dirigent vers le palais occupé
par la vice-reine et son ministre; ils l'envahissent,
désarment la garde, poignardent Vasconcellos et pro-
clament roi de Portugal le duc de Bragance, qui fut
accepté avec enthousiasme par le peuple, sous le
nom de Jean IV, non-seulement dans la capitale,
mais dans toutes les provinces (1640).

Partout les chefs et les soldats espagnols, frappés
de stupeur, mirent bas les armes; et, six semaines
après son couronnement, le nouveau monarque régnait comme ses ancêtres sur tout le Portugal. Les
colonies obéirent à l'impulsion donnée par la métropole, et il ne resta aux Castillans, de tous ces vastes
pays attachés au sort du Portugal, que la ville de
Ceuta en Afrique. Ce royaume avait gémi soixante
ans sous un régime étranger, durant lequel il avait

perdu ses flottes, son commerce, ses institutions ; il ne lui restait plus que sa nationalité, qui aurait disparu bientôt s'il ne l'eût reconquise les armes à la main. Le comte-duc Olivarès, en annonçant à Philippe l'insurrection du Portugal, lui dit d'un air dégagé : « Votre Majesté vient d'hériter de douze millions, car le duc de Bragance a fait la folie de se révolter, et la confiscation de ses biens vous vaudra cette somme. — Que l'on y porte remède ! » répondit flegmatiquement le monarque. Ce qui ne se fit pas, et, depuis, le Portugal est resté constamment détaché de l'Espagne.

A la perte du Portugal se joignirent presque simultanément l'insurrection de la Catalogne, qui paralysa une grande partie des forces de l'Espagne, et l'insuccès de la conspiration de Cinq-Mars, dont la découverte accrut l'influence de Richelieu, ainsi que celle de la France. Le comte-duc Olivarès en fut accablé ; il abandonna le ministère et mourut bientôt après de chagrin. De son côté, Philippe IV, découragé de tant de revers, signa le traité des Pyrénées par lequel il cédait à la France le Roussillon, l'Artois et tous ses droits sur l'Alsace (1659) ; ce traité fut cimenté par le mariage de l'infante Marie-Thérèse avec Louis XIV. Indolent et incapable de gouverner, Philippe aimait cependant les beaux-arts et cultiva les lettres avec succès ; il mourut après un règne de quarante-cinq ans, qui fut presque constamment malheureux, et laissa la couronne à son fils Charles, à peine âgé de quatre ans.

Né en 1661, de Philippe IV et d'Anne d'Autriche, Charles fut proclamé roi en 1665, mais placé sous la tutelle de sa mère. La destinée de ce prince faible fut d'être sans cesse gouverné : il le fut d'abord par sa mère, puis par Don Juan d'Autriche, son frère naturel, par sa femme Louise d'Orléans, et enfin par ses ministres. Avec son visage pâle, sa sénilité précoce, ses membres noués, Charles II est la fidèle image d'une monarchie épuisée ; aussi le peuple l'avait-il surnommé *el Hechizado* (l'ensorcelé) ; sous son règne tout fut aux abois : marine, finances, armée.

Par son testament, Philippe IV avait adjoint à la reine-régente une *junte* composée de six personnages éminents, au nombre desquels se trouvait l'inquisiteur général ; mais la reine étant parvenue à faire élever à ces hautes fonctions le jésuite Evrard Nitard, son confesseur, la junte fut bientôt dissoute, et la reine et son confesseur confisquèrent à leur profit toute l'autorité. Un prince, Don Juan, fils naturel de Philippe IV, voulut s'opposer à cet acte de tyrannie ; il fut exilé. Il allait même être mis en jugement comme coupable de lèse-majesté, lorsqu'on le vit paraître aux portes de Madrid à la tête d'un millier d'Aragonais bien déterminés à envahir la capitale. Cette entreprise audacieuse intimida la reine, et Don Juan profita de cette indécision pour l'obliger à renvoyer le jésuite Nitard, qui fut chargé d'une ambassade à Rome. Le prince, peu agréable à la reine, reçut la vice-royauté de Catalogne et Aragon, et fixa sa résidence à Saragosse.

La reine-régente remplaça le père Nitard par un jeune parvenu, Don Fernand de Valenzuela, qui, de simple page du duc de l'Infantado, fut élevé successivement à la charge de grand-écuyer, puis à celle de premier ministre, et reçut en outre le titre de marquis avec la grandesse de première classe. Une fortune si rapide, le faste déployé par Valenzuela, qui, dans tous ses actes, affectait plutôt de paraître l'amant de la reine que son conseiller, avaient irrité la cour, et des plaintes nombreuses parvinrent à Don Juan contre cet arrogant favori. Le prince quitte aussitôt sa résidence de Saragosse, se porte en force sur Madrid, oblige la reine à entrer dans un couvent, et fait transporter aux Philippines le malencontreux Valen-

zuela ; en même temps, il faisait déclarer la majorité
du jeune monarque (1680) et se constituait son lieutenant. Mais, pendant que s'accomplissaient ces révolutions de palais, les troupes espagnoles étaient
battues par les Français en Catalogne, en Roussillon,
en Cerdagne ; et la Sicile, fatiguée du despotisme des
gouverneurs qui lui venaient de Madrid, se révoltait
en appelant la France à son aide. Malgré les pouvoirs
immenses dont il était investi, Don Juan se voyant
hors d'état de tenir tête à Louis XIV, se décida à accepter la paix et à la cimenter par le mariage du roi
Charles II avec Marie-Louise, fille du duc d'Orléans ;
c'est là que se borne l'action de Don Juan, car immédiatement après il descendit au tombeau.

Dès que cet homme d'Etat, le seul vraiment digne
de ce nom, eut fermé les yeux, de nouvelles intrigues
s'ourdirent autour du jeune monarque, ignobles disputes qui ternissent à tout jamais le règne où elles se
sont accomplies. La mère de Charles, revenue sur la
scène avec ses confesseurs, la gouvernante de la jeune
reine également flanquée de confesseurs, furent les
principaux instigateurs de ces basses et cupides rivalités qui amenèrent tour à tour à la tête des affaires
des hommes sans nom et sans capacité : le duc de
Medina-Cœli, Eguya, le comte Oropesa, le comte de
Melgar, etc., etc., qui tous, et chacun à leur manière, contribuèrent à précipiter l'Espagne dans l'a-
bîme. Cependant la reine-mère et Louise d'Orléans
moururent (1690) ; mais les intrigues ne continuèrent
pas moins sous d'autres noms.

Un nouvel hymen avait appelé à la couche royale
Marie de Neubourg, fille du comte palatin du Rhin ;
et le roi, hypocondre, hébété, subit avec le même
flegme les influences nouvelles qui surgirent autour
de lui. Pendant que l'on s'agitait à la cour, que l'Espagne s'abaissait chaque jour davantage, que Charles
s'acheminait vers le tombeau, les puissances étran-

gères suivaient d'un œil avide le dépérissement graduel de ses forces, et s'occupaient de partag r la succession que le monarque mourant ne savait à qui donner.

Quoique marié deux fois, Charles II n'avait pas eu d'enfants. Parmi les princes qui aspiraient à recueillir son héritage était le Dauphin de France, fils de Marie-Thérèse, sœur aînée de Charles II. Louis XIV avait bien expressément renoncé à tous ses droits éventuels sur la couronne d'Espagne, et les autres compétiteurs s'en prévalaient; mais les promesses des rois sont facilement écartées par leur ambition; et ici les casuistes politiques trouvèrent pour défaite que la dot de Marie-Thérèse n'ayant jamais été payée, la renonciation était non avenue. Or, c'était bien le moins que l'on pût donner à un monarque tel que Louis XIV un royaume en dédommagement d'une dot. Venait ensuite le prince électoral de Bavière, faisant valoir les droits de la sœur cadette de Charles; enfin se présentait l'empereur Léopold, opposant à ces réclamations féminines, entachées de renonciations, le droit féodal et le titre de chef des Habsbourg.

Sur ces entrefaites, l'infant bavarois meurt; désormais Louis XIV et l'empereur Léopold se trouvent seuls en présence. Ici s'engage un feu croisé d'intrigues qui demanderaient plusieurs volumes pour être exposées convenablement; nous nous bornerons à dire que la cour de Versailles donna au duc d'Harcourt pleins pouvoirs pour la représenter près du monarque moribond; les intérêts de l'Autriche furent confiés au comte d'Harrach. Le duc d'Harcourt gagna à sa cause la comtesse de Berlips, favorite de la reine, l'archevêque de Tolède, cardinal de Porto-Carrero, et le confesseur du roi, Froylan Diaz, à qui il promit le chapeau de cardinal; en outre, pour disposer le pape Innocent XII en faveur de la France, le cardinal Janson avait été envoyé à Rome les mains pleines d'or et d'espérances. L'Autriche comptait pour elle la reine et son confesseur, ainsi que l'inquisiteur général. C'est donc entre ces diplomates, ces femmes d'intrigue, ces prélats et ces confesseurs, que la grande affaire de la succession au trône d'Espagne se débattit autour du roi. Enfin, de guerre lasse et après d'incessants assauts où la mauvaise foi, la cupidité, le parjure, eurent une large part, la chance tourna au profit de la France; et le malheureux Charles signa, le 1er novembre 1700, un testament qui donnait à la maison de Bourbon son héritage tout entier; le 16 du même mois, il rendait le dernier soupir, à l'âge de trente-neuf ans, épuisé comme un vieillard.

En la personne de Charles II s'éteignit la race des Habsbourg qui avait régné près de deux siècles dans la Péninsule. Sous l'administration du dernier représentant de cette race, le royaume déclina d'un degré de plus; en sorte que l'Espagne, qui, sous Charles-Quint avait joué le premier rôle en Europe. s'était complétement éclipsée sous les successeurs efféminés de ce grand monarque. Il est juste cependant de dire que c'est précisément sous la dynastie des Habsbourg que la littérature et les beaux-arts prirent en Espagne leur plus beau développement.

La littérature espagnole n'attendit pas, pour donner signe de vie, l'avénement de la dynastie des Habsbourg. Déjà, aux XIIIe et XIVe siècles, des productions remarquables avaient révélé son existence; tels sont: les poëmes du *Cid*, de *Bernard del Carpio*, et le *Romancero*, vaste recueil d'épopées nationales; à cette même époque, des auteurs appartenant aux classes les plus élevées donnèrent à la littérature espagnole une vive impulsion : c'est un roi, Alphonse X de Castille, un prince royal, l'infant Don Manuel, et, à leur suite, Pedro Lopez de Arola, grand-chancelier de Castille, le marquis de Villena, issu des rois de Castille et d'Aragon, qui prennent cette noble initiative; puis Gonzalès de Berceo, Lopez de Mendoza, Don Fernand del Pulgar, etc., etc.

Malgré ce magnifique épanouissement, on ne peut s'empêcher de reconnaître que c'est à partir des dernières années du xvᵉ siècle jusqu'à la fin du xviiᵉ, c'est-à-dire pendant toute la durée de la dynastie des Habsbourg, que la littérature espagnole a pris son plus beau développement et que ses œuvres ont été les plus parfaites.

Dès la fin du xvᵉ siècle, Juan de la Encina faisait représenter des pastorales; en 1513 et 1516, Torres de Nahorra, empruntant à l'Arétin et à Machiavel leurs meilleures compositions, en enrichissait le théâtre espagnol, tandis que Boscan répandait dans le monde des imitations des meilleures poésies de Pétrarque. En 1530, Lope de Rueda, à la tête d'une troupe nomade, initiait la province aux charmes des représentations scéniques; et, en 1570, trois écoles dramatiques s'étaient formées sous la direction d'hommes éminents : à Madrid, régnaient Cervantès et le moine Bermudez; — à Valence, Don Cristoval de Veruès; — à Séville, Dom Juan de Malaza, qui se livrait surtout à la mise en scène des *autos sacramentales*. Suivant un autre ordre d'idées, Perez de Oliva, Villalobos, Simon de Abril, traduisaient Plaute, Térence, Aristophane. Mais, chose remarquable et qui n'appartient qu'à l'Espagne, c'est que le plus grand nombre de littérateurs de cette contrée, poëtes ou prosateurs, ont porté les armes : Don Diego Hurtado de Mendoza, historien, poëte et romancier, avait servi avec éclat sous Charles-Quint. C'est sous la tente que Ercila (1540-1589), le plus célèbre épique espagnol, composa son *Araucana;* c'est en guerroyant contre les indigènes d'Amérique, tantôt sur les plages de l'Océan, tantôt au pied des Cordillères, qu'il chanta la découverte et la conquête du Nouveau-Monde. Garcilasso de la Vega, moissonné à la fleur de l'âge et qui ne composa que des élégies et des pastorales, tint l'épée toute sa vie et mourut au siége de Tunis; Herrera, surnommé *le Divin*, après avoir vaillamment combattu comme Cervantès à la journée de Lépante, célébra cette victoire par des chants empreints du plus noble patriotisme et qui excitent encore l'enthousiasme des générations actuelles.

Mais arrêtons un peu plus longtemps nos regards sur les princes de cette littérature qui devança la plupart de celles de l'Europe; nous voulons parler de Miguel Cervantès de Saavedra, de Lope de Vega et de Calderon de la Barca. Cervantès a écrit non-seulement *Don Quichotte*, qui se trouve dans toutes les bibliothèques, mais encore *Galatée*, ravissante pastorale qui séduit par ses grâces naïves, et des *Novelas ejemplares*, où sont encadrés des tableaux de mœurs retracés avec une piquante fidélité; il composa en outre, pour le théâtre, vingt comédies de caractère et une tragédie (*Numance*), où la foi chrétienne et l'indépendance nationale sont exaltées au plus haut degré. Lope de Vega (1562-1635) écrivit plusieurs véritables poëmes épiques, dont le moins ignoré est la *Jérusalem conquise* (1609). Mais c'est sur le théâtre, dont il fut le fondateur après Cervantès, que cet étonnant protée déploya, avec toutes les ressources de l'art, l'exubérante richesse de ses facultés poétiques dans des milliers de drames (2,200) héroïques, comiques ou mixtes; effrayante masse de 21 millions de vers, qu'on peut parcourir au hasard et qui charment toujours, sinon par la beauté de la composition, du moins par l'invention et la force dramatique, par un coloris et une verve incomparables. Don Pedro Calderon de la Barca hérita à son tour de la faveur publique. Comme tout bon hidalgo, il avait embrassé la carrière des armes, faisant des vers, composant des pièces de théâtre partout où il stationnait. En 1636, Philippe IV appela Calderon à la cour et lui accorda plusieurs pensions;

puis il entra dans les ordres et devint chanoine de Tolède, écrivant toujours pour le théâtre, mais n'abordant plus que des sujets religieux. Aussi, le bagage de Calderon, composé de 1,500 pièces : tragédies, comédies, *autos*, est-il des plus variés. Dans toutes on trouve un génie extraordinaire, une imagination féconde, mais aussi un oubli complet de toutes les règles de l'art et une exagération outrée de toutes les passions. Calderon eut néanmoins la gloire d'avoir pour élève ou collaborateur Philippe IV, qui, sous le pseudonyme de *un Ingenio de esta corte*, s'essaya dans la satire et le drame. En sa qualité de souverain, il se permit même des licences que nul autre que lui n'aurait osé prendre. Sa pièce la plus piquante est le *Diable Prédicateur*, qui, par ordre de Jésus et de l'archange Michel, est obligé de prendre l'habit des Franciscains et de moraliser l'espèce humaine, afin de compenser le mal occasionné par les désordres des disciples de saint François.

Durant la période dont nous nous occupons, la littérature espagnole eut plusieurs historiens de mérite, et d'abord Don Diego Hurtado de Mendoza, qui écrivit l'*Histoire de la guerre de Grenade* avec une grande élévation d'idées, ce qui l'a fait surnommer le *Salluste espagnol*; puis vinrent Sandoval et Pedro Mexia, tous deux historiographes de Charles-Quint; Florian de Ocampo, qui composa les cinq premiers livres de la *Crónica general de España*, et Don Juan de Mariana, qui compléta cette publication et la rédigea tout entière en castillan. Plusieurs monographes de distinction entreprirent, à la façon de Thucydide et de Xénophon, de rapporter les grands événements auxquels ils avaient pris part : ainsi Don Carlos Colomna, marquis del Espinar, raconte la *Guerre des Pays-Bas;* le comte d'Ossuna, les *Expéditions des Catalans et des Aragonais;* Léonard de Argensola, la *Conquête des Moluques*, et Don Manuel de Melo, l'*Insurrection de la Catalogne contre Philippe IV*, etc., etc. Le Nouveau-Monde attira aussi l'attention des historiens de la Péninsule : Herrera (Antonio de Tordesillas) s'attacha à rapporter toutes les entreprises des Espagnols en Amérique ainsi qu'aux Açores, et après lui Don Antonio de Solis fit l'*Histoire de la Conquête du Mexique*, histoire qui a été reproduite dans toutes les langues.

La peinture et les beaux-arts ne sortirent de l'enfance dans la Péninsule qu'à l'époque où les maîtres flamands et italiens les importèrent dans ce pays, où ils vinrent à la suite de Charles-Quint ; aussi, longtemps avant de prendre leur libre essor, les artistes espagnols se bornèrent à imiter ces grands modèles. Alonzo Berruguete de Tolède et Pedro Campana s'appliquèrent à imiter Michel-Ange ; Louis de Vargas et Juan de Juanès étudièrent Raphaël. Moralès (*le Divin*), dont les christs sont peints avec un art et une finesse admirables, s'inspira d'Albert Dürer, de Michel-Ange et du Titien ; Fernandez Navarrete et Francisco de Herrera reproduisirent les qualités de l'école vénitienne et furent les véritables maîtres des peintres illustres qui depuis donnèrent à l'école espagnole un cachet particulier. A cette époque (1580) commence l'âge d'or de cette école, qui se maintint jusque vers la fin du XVIIᵉ siècle. Pour justifier cette opinion, nous n'aurons qu'à nommer J. Ribeira, Zurbaran, Velasquez, Antonio Castillo, Alonzo Cano, enfin Murillo (1613-1685) dont tous les musées d'Europe se disputent les chefs-d'œuvre. L'Espagne compte un grand nombre de sculpteurs dont les travaux furent presque exclusivement consacrés à décorer les sanctuaires et dont les noms ne sont pas répandus hors de la Péninsule. On peut en dire autant des architectes.

CHAPITRE VIII

Dynastie des Bourbons

(1700 — 1862)

PHILIPPE V. — LOUIS Ier. — FERDINAND VI. — CHARLES III. — CHARLES IV. — FERDINAND VII. — ISABELLE II.

L'avénement de Philippe V au trône d'Espagne fut plus qu'un changement de dynastie : ce fut un changement d'esprit, d'idées, de direction politique , une vraie révolution. Aussi, l'arrivée de ce prince en Espagne fut-elle accueillie avec transport , et son couronnement à Madrid (24 novembre 1700) se fit-il aux acclamations de la capitale et des provinces.

Philippe V, devenu chef de la maison royale des Bourbons d'Espagne, était fils du Dauphin, Louis de France, marié à la sœur de Charles II, roi d'Espagne et petit-fils de Louis XIV. Il portait encore le titre de duc d'Anjou, lorsque, le 2 octobre 1700, son aïeul dit fastueusement à ses courtisans : « Maintenant il » n'y a plus de Pyrénées ! Mon petit-fils va ceindre » les couronnes de Castille, d'Aragon et des Indes ! » Le jeune prince n'avait alors que dix-sept ans, et ne s'était fait remarquer jusque-là que par une rare douceur de caractère et une soumission sans bornes aux moindres désirs de son aïeul; il était donc fort mal préparé aux nouveaux devoirs qui lui étaient imposés. Maintenant il ne s'agissait plus d'obéir, mais bien de commander. Aussi, Louis XIV l'entoura-t-il de quatre hommes dévoués qui devaient gouverner à la place du jeune roi : c'étaient le duc d'Harcourt, le marquis de Louvielle, le comte d'Ayen, le cardinal Porto-Carrero. A ces personnages politiques, Louis adjoignit encore, pour surveiller et

diriger d'une manière plus intime les idées du jeune
monarque, une dame de grande naissance, instruite,
et depuis longtemps rompue aux intrigues de cour:
c'était la princesse des Ursins. Ainsi le roi de France,
de son cabinet, gouvernait l'Espagne.

Se croyant parfaitement assurés de la paix au dehors et de la tranquillité au dedans, les conseillers de
Philippe le décidèrent à épouser Marie-Louise-Ga-
brielle, princesse de Savoie, à peine âgée de quatorze
ans, et qui reçut pour *camerera mayor* la princesse
des Ursins; c'est assez dire que les jeunes époux furent placés plus que jamais sous la surveillance de
cette noble dame.

Cependant l'empereur Léopold, qui avait protesté
contre l'avénement de Philippe V, comptant sur l'appui de l'Angleterre, de la Hollande, de la Prusse, du
Portugal, et même de la Savoie, autorisait l'archiduc
Charles, son fils, à se faire couronner roi d'Espagne
à Vienne. Ce prince se rendit ensuite dans la Péninsule à la tête de 12,000 hommes pour se faire reconnaître roi (1706). Valence se rangea de son parti,
ainsi que Lerida, Tortose, Barcelone : c'est ici que
commencent les longues guerres dites de *succession*,
auxquelles la plupart des puissances de l'Europe prirent part, et qui ne se terminèrent que par le traité
d'Utrecht. Nous allons en indiquer les principales
phases.

L'Espagne, qui avait d'abord admis Philippe V
sans opposition, dissémina ses suffrages au moment où les alliés détachaient les Pays-Bas de la
couronne de Castille; l'Aragon, Valence et la Catalogne, reconnurent pour roi l'archiduc Charles. Ce malheureux royaume semblait alors menacé d'une dissolution complète; Gibraltar et Mahon tombèrent aux
mains des Anglais; les flottes combinées d'Espagne
et de France furent battues près de Vigo par celles de
la Hollande et de l'Angleterre réunies; en même

temps, le prince Eugène et le duc de Marlborough, après leurs brillantes victoires de Ramilies, d'Oudenarde, de Hochstett, de Turin, conquéraient la moitié de l'Espagne et s'emparaient du royaume de Naples (1706-1708).

Chassé un moment de sa capitale, de l'Espagne même, car il était venu se réfugier à Perpignan, Philippe V ne désespéra jamais de sa cause; et plus d'une fois on l'entendit s'écrier dans ces circonstances difficiles : « Puisque Dieu a mis la couronne d'Espagne » sur ma tête, je la soutiendrai tant que j'aurai une » goutte de sang dans les veines ! » Aussi, est-ce à cause de ce courage et de cette confiance inébranlable que les Espagnols ont surnommé ce prince *el Animoso*.

La bataille d'Almanza (1707), gagnée par le maréchal de Berwick, vint rétablir la fortune de Philippe : l'Aragon et le royaume de Valence firent leur soumission, et la brillante victoire de Villa-Viciosa (1 710), remportée par le duc de Vendôme, rendit au Bourbon sa capitale et lui donna un lit de drapeaux. Après cette longue suite de succès, la plupart des villes d'Espagne reconnurent l'autorité de Philippe V; Barcelone seule se maintint en état de rébellion jusqu'en 1714, et ce ne fut qu'après un siége meurtrier qu'elle se soumit. Cependant la victoire décisive de Denain, remportée par le maréchal de Villars, avait entraîné les parties belligérantes à se faire réciproquement des propositions de paix, qui se terminèrent par les traités d'Utrecht et de Rastadt (1712-1713). Ce fut aux dépens de l'Espagne que les principales stipulations de ces traités furent agréées. On obligea Philippe V à abandonner ses prétentions à la couronne de France, à céder à l'Angleterre Gibraltar et Minorque ; au duc de Savoie, la Sicile; à l'Autriche, le royaume de Naples, le Milanais, la Sardaigne et les Pays-Bas. Ainsi, le changement de dynastie fut pour l'Espagne une nouvelle cause d'amoindrissement.

En 1713 mourut la jeune reine, Marie-Louise, laissant deux enfants (Louis et Ferdinand), qui tous deux ceignirent la couronne. Philippe, ayant convolé à de secondes noces en épousant Élisabeth Farnèse, duchesse de Parme (1714), crut, à cette occasion, devoir changer l'ordre de succession au trône. Jusqu'alors la transmission de l'autorité souveraine avait été régie par les lois de Castille, qui admettaient les femmes à défaut de mâles, celles-ci, à leur tour, formant souche : c'est ce que l'on appelait *succession castillane* ; Philippe, par ses nouvelles dispositions, voulut que les femmes ne pussent être admises à la succession de la couronne. qu'au cas de l'extinction des mâles de sa lignée. C'était presque la loi salique substituée à la loi castillane.

En arrivant en Espagne, la jeune reine, Elisabeth de Parme, fit chasser de la cour la princesse des Ursins, dont elle redoutait le caractère impérieux et remuant ; elle lui substitua l'abbé Alberoni, qui devint bientôt cardinal ; et, de concert avec cet habile conseiller, elle prit un empire absolu sur l'esprit de Philippe. Alberoni et Elisabeth se proposèrent d'effacer le traité d'Utrecht, de relever l'Espagne du marasme où elle se trouvait plongée et de la replacer au rang d'où elle était descendue. Pour atteindre ces résultats, ils arment une flotte destinée à reconquérir la Sicile ; ils réconcilient le czar avec le roi de Suède, afin de faire marcher ces deux souverains contre l'Angleterre, pour y rétablir sur le trône de ses ancêtres le fils de Jacques II ; enfin, ils ourdissent une conspiration contre le régent de France (la conspiration Cellamare, 1717), pour faire passer la régence aux mains du duc du Maine. Aucune de ces entreprises, si hardiment conçues, ne put être menée à bonne fin : les flottes combinées de France, d'Angleterre, d'Autriche et de Hollande dispersèrent l'expédition de Sicile ; la mort enleva Charles XII, roi de Suède, à l'alliance moscovite, et une indiscrétion, commise par le prince de Cellamare, éventa la conspiration dirigée contre le régent. Tant d'insuccès entraînèrent la chute du cardinal Alberoni, qui alla expier dans un couvent la témérité de ses projets.

Délivré d'un ministre dont les conceptions avaient fait d'abord espérer de relever les destinées de l'Espagne, Philippe renonça à la souveraineté des provinces enlevées à son empire par le traité d'Utrecht ; en retour, l'empereur d'Autriche le reconnut pour roi d'Espagne et admit pour son jeune fils, issu d'Elisabeth Farnèse, la succession éventuelle au duché de Toscane (1723). Atteint d'infirmités précoces et d'un caractère naturellement mélancolique, Philippe ne songea, dès ce moment, qu'à vivre dans la retraite, où la voix seule du chanteur Farinelli venait parfois apporter quelques distractions ; il abdiqua en faveur de son fils aîné, le prince Louis, à peine âgé de dix-sept ans, et se retira dans une délicieuse vallée du territoire de Ségovie, dépendante de l'Escurial. Là il avait fait construire un palais magnifique qui rappelle en partie le luxe de Versailles : c'est Saint-Ildefonse. Philippe n'habita que peu de temps cette résidence, car son fils, atteint de la petite vérole, succomba dans le huitième mois qui suivit son avénement à la couronne, qu'il transmit par testament à son père.

Philippe aurait peut-être continué à résider à Saint-Ildefonse ; mais la reine, qui tenait à conserver le pouvoir pour assurer l'avenir de ses enfants, obligea son époux à remonter sur le trône. Aussi, ce ne fut pas sans étonnement que l'on vit, malgré le deuil où était la famille royale, Philippe faire une entrée triomphale dans Madrid pour aller reprendre le sceptre et faire reconnaître son jeune fils, Ferdinand, prince des Asturies.

Dès que Philippe eut repris ostensiblement le pouvoir, la reine, qui dirigeait la marche du gouvernement, s'occupa d'asseoir définitivement la fortune de son fils, Don Carlos, qui n'était encore souverain qu'en expectative. Elle confia la mise à exécution de ses projets à un aventurier hollandais, le baron de Ripperda, qui, négociant habilement à Vienne, obtint de l'empereur la promesse formelle de l'investiture des duchés de Toscane et de Parme pour son fils Don Carlos, et l'assurance de son concours pour obtenir la restitution de Gibraltar. Ce traité détermina la France et l'Angleterre à s'unir plus étroitement et à conclure une alliance offensive avec la Hollande. L'Espagne répondit à ces dispositions agressives en rompant avec la France ; mais les Anglais profitèrent des hostilités ouvertes pour bloquer Puerto-Bello. Heureusement, le cardinal de Fleury, en prenant les rênes du gouvernement, arrêta toutes ces agressions et assura à Don Carlos la succession des duchés de Toscane et de Parme (1729) ; dans cette même année, l'Espagne resserra son alliance avec le Portugal par un double mariage entre les infantes et les héritiers des deux maisons.

Nous allons maintenant assister à une volte-face générale : en 1731, la mort d'Antoine Farnèse, dernier duc de Parme, livra ce duché à Don Carlos, soutenu contre le mauvais vouloir actuel de l'Autriche par la France et l'Angleterre. En 1733, le trône de Pologne étant devenu vacant, deux prétendants se présentèrent : Stanislas Leczinski, soutenu par la France et l'Espagne ; — l'Electeur de Saxe, soutenu par l'Autriche et la Russie. Au milieu de ces conflagrations, la reine Élisabeth, ne s'occupant que de la fortune de ses fils, fit envahir par des troupes espagnoles le royaume de Naples, que l'Autriche gouvernait par des vice-rois ; une bataille heureuse lui livra les principales villes de la terre ferme, et la Sicile ne lui opposa aucune résistance. Elisabeth profita de ces succès inespérés pour faire couronner son fils Don Carlos roi des deux royaumes. L'Autriche, vaincue, fut obligée de se soumettre; mais elle reçut en dédommagement les duchés de Toscane, de Parme et de Plaisance (1735).

La mort de Charles IV, empereur d'Autriche (1740), mit en armes tous les princes de l'Europe : Elisabeth envoya aussitôt des troupes contre l'empire, espérant bien tirer de ce conflit quelques avantages pour le dernier de ses fils. En effet, la lutte ayant été funeste à l'Autriche, Don Philippe, le dernier des fils de Philippe V, obtint pour sa part les duchés de Parme et de Plaisance (1748); la Toscane appartenait depuis 1735 à l'ancien duc de Lorraine. Philippe V ne put assister à la conclusion de ces arrangements si favorables à sa famille, la mort l'avait saisi le 6 juillet 1746. Quoique constamment dominé soit par les agents de Louis XIV, soit par ses deux femmes ou par les ministres qu'elles lui imposèrent, Philippe mourut universellement regretté de ses sujets, parce qu'on l'avait vu brave à la guerre, et dans la paix toujours occupé à faire le bien.

Ferdinand VI, deuxième fils de Philippe V et de Louise de Savoie, sa première femme, fut appelé au trône (1746). Ce prince, atteint d'une mélancolie chronique, était incapable de gouverner. Heureusement il avait été marié de bonne heure à une princesse de la maison de Bragance, vive, intelligente, énergique, qui le tint sous sa dépendance et qui prit en main la direction des affaires. Quatre personnages de caractère bien différent assistèrent cette princesse dans sa rude tâche : le marquis de la Ensenada, qui eut dans ses attributions le ministère des finances; — Don José de Carjaval, chargé des affaires étrangères; — le P. Ravago, confesseur du roi; — et Farinelli, chanteur émérite, qui avait déjà vécu dans l'intimité de Philippe V, et qui fut plus encore recherché de

Ferdinand VI et de son épouse, tous deux grandement épris des charmes de la musique. Ainsi, le pouvoir passait alternativement des mains du confesseur en celle de Farinelli, ou de celles de Carjaval en celles d'Ensenada, suivant le caprice du roi ou les préférences de la reine.

Carjaval était favorable à l'Angleterre; aussi fit-il repousser le *pacte de famille* destiné à relier entre elles toutes les branches de la maison de Bourbon. Carjaval mourut en 1754, et toute la prépondérance fut désormais acquise au marquis de la Ensenada, l'ami du P. Ravago, l'intime de Farinelli. Ce ministre était très dévoué au cabinet de Versailles ; aussi s'appliqua-t-il à porter préjudice à l'Angleterre par tous les moyens possibles. Ayant donné, en pleine paix, des ordres secrets d'attaquer les colonies anglaises d'Amérique, et ces ordres ayant été surpris, le cabinet de Saint-James exigea le renvoi du ministre. Malgré l'influence du P. Ravago, malgré l'assistance chaleureuse de Farinelli, le marquis de la Ensenada dut se retirer. L'Espagne perdit en lui un de ses meilleurs ministres : il avait notablement amélioré l'administration de la justice et celle des finances ; il avait ranimé le commerce et l'agriculture, créé des manufactures, fait creuser des canaux, et sorti de la torpeur la marine militaire et marchande; enfin, il avait initié l'Espagne à tous les progrès des sciences et des arts. La retraite d'Ensenada fut bientôt après suivie de la mort de la reine (1758). Dès ce moment, le roi resta plongé dans un marasme profond, d'où personne ne put le faire sortir, et il mourut de chagrin et d'inanition.

Ferdinand n'ayant point laissé de postérité, la couronne revenait de droit à son frère consanguin, Don Carlos, fils aîné du second mariage de Philippe V avec Elisabeth Farnèse, et maintenant roi dés Deux-Siciles. Ayant gouverné avec succès ce royaume pendant vingt-cinq ans, Don Carlos (Charles III) se présentait précédé de la réputation d'administrateur habile, d'économiste éclairé; aussi fut-il accueilli avec enthousiasme par les Espagnols. Il s'empressa d'appeler aux finances le marquis de Squilace, qui avait déjà fait ses preuves à Naples, et dont le concours lui fut très utile. Charles III signa ensuite le *pacte de famille* avec la France : alliance offensive et défensive entre les deux branches des Bourbons, ce qui lui attira la guerre avec l'Angleterre et le Portugal, à la suite de laquelle l'Espagne perdit la Floride. Le système financier de Squilace, les restrictions qu'il avait imposées aux priviléges du clergé, les réformes qu'il voulut faire subir au costume, excitèrent de vifs mécontentements; pour les apaiser, Charles III fut obligé de sacrifier Squilace; heureusement il put le remplacer par le comte d'Aranda.

Issu d'une des plus grandes familles d'Aragon, le comte d'Aranda rendit à sa patrie d'éminents services : général habile, diplomate instruit, administrateur zélé, il commanda avec succès les troupes espagnoles et réforma leurs manœuvres; par les choix sévères qu'il apporta dans le personnel des ambassades, il éleva l'Espagne dans l'opinion de tous les cabinets d'Europe; et voulant se rendre compte de tout ce qui s'accomplissait dans la Péninsule, il fit dresser la première statistique du royaume. C'est lui qui en 1767 prit l'initiative de l'expulsion des jésuites d'Espagne; ils avaient été chassés de France, en 1764, pour divers motifs, inutiles à énumérer ici. En Espagne on leur reprochait une résistance opiniâtre envers les agents de l'autorité; on les accusait de susciter partout et de soudoyer des mécontentements populaires, d'avoir accaparé l'administration du Paraguay et d'avoir complétement détaché cette portion de l'Amérique de la mère-patrie; enfin, on leur reprochait d'avoir établi au Pérou un monopole odieux, qui appauvrissait les commerçants et concentrait dans leurs mains toutes les richesses du pays.

Le comte d'Aranda résolut aussi de mettre un frein aux exactions du saint office; en conséquence, il le priva du droit qu'il s'était arrogé de s'emparer des biens dont il prononçait la confiscation; il lui défendit en outre de faire arrêter aucun prévenu sans des preuves évidentes de culpabilité, et le rendit responsable de toutes les illégalités commises par ses agents. Le comte d'Aranda soutint Olavide dans sa philanthrophique entreprise de colonisation de la Sierra Morena : tant que la protection du grand ministre couvrit les projets d'Olavide, tout alla à merveille; mais lorsque le comte d'Aranda fut tombé dans la disgrâce, cette belle entreprise languit, et son auteur se trouva en butte aux persécutions du saint office. Le comte s'étant attiré l'inimitié de Grimaldi, favori de Charles III, reçut la mission de représenter son souverain près le cabinet de Versailles, et l'Espagne perdit encore un bon ministre. Florida-Blanca le remplaça.

L'année 1775 porta un coup funeste aux armes espagnoles : le général O'Reilly, chargé de réprimer les pirateries des corsaires algériens, débarqua sur la plage africaine à la tête de 20,000 hommes; il marcha sans ordre contre Alger et fut surpris dans une embuscade, où il perdit tout son matériel et une partie de ses troupes, ce qui l'obligea de se rembarquer incontinent. Un événement autrement considérable causa aussi de grandes déceptions à l'Espagne : l'insurrection des colonies anglaises de l'Amérique du Nord, ayant obtenu les sympathies de la France, Louis XVI envoya des secours aux insurgés, et la guerre fut déclarée entre la France et l'Angleterre (1776). Le *pacte de famille* obligea l'Espagne à prendre part à cette lutte : elle arma des forces navales qui détruisirent les établissements des Anglais dans le Yucatan et la baie de Honduras, mais elle perdit plusieurs de ses galions chargés d'or et d'argent. Le duc de Crillon enleva aux Anglais l'île de Minorque ; mais après des dépenses inouïes et des pertes considérables, la France et l'Espagne furent obligées d'abandonner le siége de Gibraltar, place dont le recouvrement aurait tant flatté l'orgueil des Espagnols. Une paix honorable entre la France et l'Angleterre mit fin à ces hostilités, et les Barbaresques ayant renoncé à leurs pirateries, l'Espagne se trouva en paix avec le monde (1787).

Dès ce moment, Charles III poursuivit activement, assisté de Florida-Blanca et de Campomanès, ses projets d'amélioration intérieure ; il avait déjà fondé un établissement financier important, la *Banque de Saint-Charles* ; il fit ensuite creuser des canaux dans les royaumes de Murcie et d'Aragon ; il travaillait à refondre la législation en un seul code, lorsque la mort vint le saisir en 1788, à l'âge de 73 ans, après 54 ans de règne, soit à Naples, soit en Espagne.

Charles III a été le plus grand des princes de la maison des Bourbons d'Espagne, ou du moins c'est lui qui a témoigné le plus de sollicitude pour le bonheur de la nation. Il fut l'exemple de sa cour par la pureté de ses mœurs, et se montra digne de soutenir le poids du gouvernement par sa vigilance et sa fermeté. Ami des lettres, des sciences et des arts, on le vit toujours, à la tête de ses ministres, faire tout ce qui dépendait de lui pour propager les lumières ; il favorisa l'étude de tous les problèmes d'économie politique, et mit un zèle extraordinaire à faire pénétrer dans toutes les branches de l'administration un esprit de justice et d'activité qui leur avait manqué jusque là. A la mort de ce prince, le mouvement suscité et soutenu par lui s'arrête incontinent.

Des treize enfants que Charles III avait eus de son unique femme, Amélie de Saxe, quatre seulement lui survécurent : deux garçons et deux filles. L'aîné, Don Carlos (Charles IV), monta sur le trône d'Espagne ; le second, Don Fernand, eut en partage le royaume des Deux-Siciles.

Charles IV était né en 1748 ; il avait donc atteint toute la force de l'âge lorsqu'il succéda à son père ; mais ce prince, d'un caractère mou et indolent, marié dès son extrême jeunesse à Marie-Louise, infante de Parme, s'était laissé dominer de bonne heure par cette femme altière, et fut constamment le jouet de ses caprices. En mourant, Charles III avait recommandé à son fils le comte de Florida-Blanca, qui, ministre capable de seconder, en temps de paix, les vues d'un prince éclairé, n'avait pas assez d'énergie pour imposer ses idées à un souverain inhabile aux affaires, ni assez de perspicacité pour préparer l'Espagne aux grands événements qui étaient près de s'accomplir en France. Le comte de Florida-Blanca ne songea qu'à empêcher les idées libérales de 89 de pénétrer en Espagne ; mais plus subtile que les barrières les plus impénétrables, l'idée renversa le ministre, et le comte d'Aranda, qui depuis quinze ans résidait à Paris, se maintint toujours au niveau de ses hautes fonctions.

L'élévation du nouveau ministre eut d'abord pour résultat de renouer des relations amicales entre le cabinet de Madrid et celui de Versailles ; mais bientôt tout changea de face : en quelques mois Louis XVI vit son pouvoir éclipsé, et l'Espagne n'étant pas préparée pour la guerre, le comte d'Aranda dissuada Charles de se réunir à la coalition des souverains du Nord qui menaçaient la France. Sur ces entrefaites, une ignoble révolution de palais vint renverser l'habile ministre. Un jeune homme, issu de parents pauvres, mais nobles, était entré en 1787 dans les gardes du corps du roi ; garçon de belle humeur, gai, frais, dispos comme on l'est à vingt ans, il avait attiré les lubriques regards de la reine ; sa voix harmonieuse , l'habileté qu'il mettait à s'accompagner de la guitare, captivèrent cette princesse, qui ne rougit pas d'élever un simple garde du corps jusqu'à la couche royale : c'était Don Manuel de Godoï. Dans l'espace de quatre ans, cet officier d'antichambre fut successivement promu aux grades d'adjudant général, puis de lieutenant général; en 1792, il recevait, avec le titre de duc d'Alcudia, la grandesse, et fut appelé à remplacer le comte d'Aranda, c'est-à-dire à remplir les fonctions de premier ministre. Désormais , c'est ce parvenu sans talent, sans capacité qui va décider des destinées de l'Espagne.

L'un des premiers soins du jeune ministre, et il faut l'en louer, fut d'essayer de sauver Louis XVI par des réclamations énergiques; en effet, le cabinet de Madrid fut le seul qui montra un véritable intérêt pour l'infortuné monarque. Après la condamnation de Louis XVI, Godoï déclare la guerre à la France et fait envahir le territoire de la nouvelle République par des troupes espagnoles, qui furent heureusement repoussées aux deux extrémités des Pyrénées par les généraux Pérignon et Moncey. Cet échec et les victoires que les Français remportèrent sur toutes leurs frontières, décidèrent Godoï à accepter le traité de paix de Bâle, qui restitua à l'Espagne les places qu'elle avait perdues dans ce conflit; mais en compensation elle donna à la France la portion espagnole de l'île Saint-Domingue. Ce traité, qui n'avait rien de glorieux, valut néanmoins au ministre signataire le fastueux titre de *prince de la Paix!* Ce premier pas entraîna Godoï à signer un traité d'alliance offensive et défensive avec la République française (1796), et engagea l'Espagne dans une guerre désastreuse contre l'Angleterre, durant laquelle elle perdit un grand nombre de ses vaisseaux et plusieurs de ses colonies. Ces pertes et des intrigues maladroites dirigées par le cabinet de Madrid contre le Directoire, amenèrent la chute momentanée de Godoï (1798) ; il fut remplacé par Francisco Saavedra et par l'économiste Jovellanos ; mais il conserva toujours la faveur du roi, et par ses affidés il dirigea toutes les affaires.

En 1800, Godoï reparut sur la scène politique. Bonaparte méditant dès lors son système continental contre l'Angleterre, avait décidé l'Espagne, qui, depuis 1795, était restée l'alliée fidèle de la France, à envahir le Portugal, afin de fermer les ports de ce royaume à la Grande-Bretagne. Le commandement de cette expédition fut confié à Godoï, qui ne rencontra que des fuyards, mais qui fut bientôt arrêté par les remords de Charles IV. Ce prince ne voulut pas détrôner son gendre, alors roi de Portugal. Godoï ne fit pas moins parade de cette courte et facile campagne, et entra dans Madrid en triomphateur ; pour récompense il reçut le titre de généralissime des armées de terre et de mer de la monarchie espagnole, titre dont il ne devait pas faire un long usage, car la paix d'Amiens condamna au repos sa fièvre belliqueuse. Après la rupture de cette paix (1803), les croisières anglaises ayant enlevé les galions qui apportaient en Espagne les produits des mines du Mexique et du Pérou, Godoï déclare la guerre à la Grande-Bretagne, et arme tous les vaisseaux de la marine espagnole pour agir de concert avec les escadres de France, alliance qui fut fatale aux deux pays ; car, après plusieurs échecs éprouvés en diverses rencontres, les flottes combinées furent complétement détruites à Trafalgar par l'amiral Nelson (1805).

Loin d'être sensible aux pertes supportées par son allié, Napoléon devint encore plus exigeant ; il voulut obtenir du roi d'Espagne l'adhésion formelle à la suppression du royaume d'Étrurie et la reconnaissance de Joseph, frère de Napoléon, comme roi de Naples.

C'était trop exiger. Charles refusa et entra dans la coalition des monarques du Nord ; mais les batailles d'Iéna et d'Austerlitz portèrent la terreur dans l'esprit du roi et du favori, et tous deux demandèrent pardon de leur défection au vainqueur de l'Europe. Le peuple et la cour, indignés de cet acte d'abaissement, étaient sur le point de s'insurger contre Charles, lorsque Godoï, prévenu à temps, fait arrêter le prince des Asturies, instigateur du mouvement, et calme les esprits. Après être si heureusement sorti de ce mauvais pas, Godoï commit une faute plus grave : obsédé par les agents de Napoléon, il consentit à laisser pénétrer 40,000 Français dans la Péninsule et à envoyer en Suède un corps de 16,000 hommes, sous les ordres du marquis de la Romana, pour seconder les projets de l'empereur des Français contre l'Angleterre et la Russie. Le Portugal était destiné à payer les frais de cette nouvelle combinaison : les 40,000 Français, renforcés de deux divisions espagnoles, étaient destinés à s'emparer de ce royaume, qui allait être morcelé : la province d'Entre-Minho-e-Duero devait être offerte comme apanage au roi d'Etrurie, à qui on enlevait la Toscane ; les Algarves et l'Alemtejo devaient former une principauté dévolue à Godoï, et le reste devait être livré à l'Espagne.

Le 17 octobre 1807 on procéda à la mise à exécution de cette entreprise épineuse : le général Junot traversa la Bidassoa et se dirigea vers Salamanque ; en même temps, deux corps espagnols se mirent en mouvement pour occuper les provinces du Portugal dévolues à Charles IV. L'envahissement de ce royaume eut lieu contre le droit des gens, et sans avis préliminaire ; l'armée française n'était qu'à vingt-cinq lieues de Lisbonne, lorsque le gouvernement portugais apprit la nouvelle de son arrivée ; et, à peine entrait-elle tambour battant et mèche allumée dans cette capitale, que la famille royale s'embarquait à la hâte pour aller chercher un refuge au Brésil (30 novembre 1807). Les généraux espagnols Solano et Caraffa s'établirent dans les provinces qui leur étaient assignées, et le Portugal tout entier se trouva à la disposition des envahisseurs.

Tandis que la maison de Bragance allait dans un autre hémisphère chercher la sécurité qui lui manquait en Europe, une profonde émotion agitait à Madrid la famille royale. A l'instigation de Godoï, Charles accusait son fils Ferdinand, prince des Asturies, de vouloir le détrôner. Ce père aveuglé se plaignit à Napoléon de cette entreprise, lui demandant des secours et des conseils. De son côté, le fils, moins coupable qu'il n'en avait l'apparence, écrivait à Napoléon pour se disculper et réclamait son appui. Heureux de se trouver ainsi l'arbitre entre le père et le fils, parce que cette position favorisait à merveille ses projets dynastiques, Napoléon porte à 100,000 hommes l'armée destinée à opérer en Espagne et les met sous les ordres de son beau-frère, Murat; il adresse ensuite à Charles IV et à Ferdinand des lettres insignifiantes, déclare la maison de Bragance déchue du trône, et annonce que désormais le Portugal sera une annexe de l'Empire français.

Cette audacieuse proclamation, où Napoléon mettait à nu sa politique de violence, au mépris des conventions, et s'arrogeait le royaume qui avait été conquis de compte à demi avec l'Espagne, n'annonçait que trop bien les projets qu'il se proposait de mettre à exécution. Afin de s'y soustraire, la famille royale, qui se trouvait alors réunie à Aranjuez, prit la résolution de s'embarquer pour l'Amérique. Les préparatifs de cette fuite se faisaient mystérieusement et à la hâte; mais le bruit s'en répandit, et le peuple, mis en éveil, se lève en masse pour s'y opposer. Ferdinand se joint aux mécontents pour forcer son père à ne point abandonner ses Etats, et fait arrêter Godoï, son ennemi personnel ; la multitude n'était pas encore satisfaite, et pour l'apaiser complétement, on décida que Charles IV abdiquerait en faveur de son fils.

La nation espagnole apprit avec ivresse cette résolution, et Ferdinand se rendit à Madrid pour y faire reconnaître son autorité ; mais déjà la capitale était envahie par les troupes françaises, et si les Madrilènes accueillirent avec enthousiasme le nouveau roi, Murat, qui commandait l'occupation, ne lui rendit aucun des honneurs dus à un souverain. Bientôt après, à l'instigation de Savary, agent de Napoléon, Charles IV retira son abdication et annonça le projet de déférer à l'empereur des Français les différends qui existaient entre son fils et lui ; la même idée fut suggérée à Ferdinand et acceptée. Ainsi, toute cette famille hallucinée allait bénévolement mettre ses destinées entre les mais de celui qui l'avait déjà si impitoyablement sacrifiée, elle ou les siens, à Naples, en Toscane, en Portugal. Ses divers membres, chacun de leur côté, se dirigèrent vers Bayonne, où l'empereur les attendait pour consommer son œuvre et leur arracher le bandeau qu'ils avaient encore sur les yeux. Napoléon écouta froidement les récriminations du père et de la mère contre le fils ; il feignit même de prêter une oreille attentive aux excuses alléguées par Ferdinand, ainsi qu'aux explications de Godoï pour le père, et à celles du chanoine Escoïquiz pour le fils ; puis, à force de menaces et de promesses, il arracha de Charles et de Ferdinand une double abdication à son profit. Pour récompenser ses victimes de leur abjecte soumission, il les fit interner en France : Charles IV fut dirigé sur Marseille, plus tard sur Compiègne (1) ; Ferdinand eut Valençay pour prison ;

(1) Charles IV quitta la France en 1811 et se rendit à Rome ; il se fixa ensuite à Naples, et y mourut en 1816. Godoï suivit ce prince dans l'exil ; après sa mort, il habita Paris où il mourut en 1851, à l'âge de 88 ans.

et afin que tout ce qui venait de se passer fût irrévocablement oublié, Napoléon s'empressa de transférer la couronne d'Espagne et des Indes sur la tête de son frère Joseph, déjà roi de Naples.

Jamais, dans les temps modernes, on n'avait vu s'accomplir une révolution si soudaine ; jamais on n'avait vu des princes souverains traités avec si peu d'égards ; jamais on n'avait vu une nation si peu respectée dans ses priviléges et ses libertés ! Aussi, dès que les événements de Bayonne furent connus dans la Péninsule, une insurrection formidable se forma dans les principales villes ; déjà elle avait éclaté, le 2 mai, à Madrid, au moment du départ de l'infant Don Francisco pour la frontière ; mais les mitraillades de Murat continrent les mécontents.

L'Espagne, il faut le dire, se trouvait on ne peut plus mal préparée pour organiser une résistance effi-cace contre l'oppression qui venait ainsi l'assaillir à l'improviste : point d'autorité centrale reconnue, aucun homme politique en évidence dont le nom pût inspirer confiance à tous. Les finances étaient épuisées, les arsenaux sans munitions ; les meilleures troupes et les meilleurs généraux avaient été de longue main, par l'habile prévoyance de Napoléon, tenus loin de leur patrie ; enfin l'armée française, s'élevant à plus de 100,000 hommes, occupait les principaux points stratégiques, ainsi que les places fortes les plus importantes. Le patriotisme des Espagnols surmonta tous les obstacles, suppléa à tout ce qui manquait. Tandis qu'à Bayonne quelques membres de l'aristocratie, à la tête desquels se trouvait le duc de l'Infantado, reconnaissaient, quoique sans mandat, Joseph pour roi des Espagnes, les juntes des principales villes du royaume proclamaient hautement Ferdinand VII pour leur souverain légitime et faisaient des levées en masse pour repousser l'invasion.

Les juntes insurrectionnelles ne se bornèrent pas à

fomenter l'esprit national pour la défense du territoire : elles créèrent une nouvelle administration,
formèrent une nouvelle représentation nationale,
concoururent, avec les Cortès, à la rédaction d'une
constitution politique plus en harmonie avec les
temps modernes, et fondèrent sur des bases équitables
la liberté démocratique. Ces institutions, créées au
milieu des alarmes du pays, auraient produit les plus
heureux résultats durant la paix, si, après la victoire, Ferdinand VII, qui n'avait pas combattu, ne
se fût empressé de détruire l'œuvre des juntes et des
Cortès.

N'importe : la nation et ses représentants firent
noblement leur devoir dans ces moments critiques,
et l'Espagne, livrée à ses propres ressources, obtint
sur les armées françaises des avantages marqués, à
Baylen et à Cintra, contre Dupont et Junot (20 juillet et
21 août 1808). Il est vrai que les victoires nombreuses
remportées par les Soult, les Suchet, les Masséna, par
Napoléon lui-même, effacèrent bientôt ces revers ;
mais, encouragés par la présence d'une formidable
armée anglaise, les Espagnols firent des prodiges de
valeur et combattirent victorieusement les Français.
Saragosse, sous les ordres de Palafox, renouvela le
dévouement sublime de Sagonte et de Numance ; puis
vinrent les sanglantes batailles de Talaveyra, de Ciu-
dad-Rodrigo, de Badajoz, où, sous les ordres de Wellington, les Espagnols rivalisèrent de courage avec
les troupes anglaises, remportèrent sur les Français
des victoires signalées, et les obligèrent à battre en
retraite jusqu'à Vittoria (21 juin 1813), où Joseph et
Napoléon perdirent tout espoir de jamais asservir
l'Espagne.

Le 7 octobre 1813, l'armée anglo-espagnole fran-
chissait la Bidassoa pour envahir la France, et, le 8 décembre, Napoléon traitait avec Ferdinand, toujours
détenu à Valençay, des conditions de son retour en

Espagne et de sa restauration sur le trône de ses pères; enfin, le 22 mars 1814, Ferdinand mit le pied sur le sol de la Péninsule. Dès ses premiers pas on put se rendre compte de l'attitude qu'allait prendre ce prince vis-à-vis de ses sujets, qui, pendant qu'il supportait lâchement sa détention à Valençay, prodiguaient leur sang pour sauver la nationalité espagnole et conserver le trône aux Bourbons! Ferdinand ne tint aucun compte du devouement de tout un peuple; il s'avança sournoisement jusqu'à Valence, où, ayant rallié à ses idées le capitaine général de cette province qui avait sous ses ordres un corps d'armée considérable, il refusa d'accepter la constitution rédigée par les Cortès à Cadix, cassa tous leurs décrets, reprit la plénitude de son autorité, et fit marcher des troupes sur la capitale. Deux jours après, il prenait lui-même cette direction. Une députation des Cortès vint au-devant de lui pour le complimenter, il refusa de la recevoir; en même temps il donnait l'ordre au général Eguia, capitaine général de la Nouvelle-Castille, d'investir Madrid et d'y faire arrêter, sans aucune instruction préalable, le conseil de régence, le président des Cortès, les secrétaires de cette assemblée, ainsi que la plupart des membres distingués de la première et de la seconde législature (1). Après cet indigne abus du pouvoir, Ferdinand VII fit son entrée dans Madrid au milieu de la stupeur générale.

Telle fut la fin à jamais déplorable de ce gouvernement qui avait défendu l'indépendance nationale

---

(1) Voici les noms des patriotes illustres qui furent, dans cette époque fatale, ou exilés ou incarcérés : le comte de Toreno, Florez Estrada, procurateur de Séville; les deux Arguëllas, économistes distingués; Calatrava, Villanueva, Muños, Torero, Oliveros, Cepero, Alvarez Guerra, Garcia Herreros; les généraux : Mina, Valdès, Odonoyu, Villacampa; les littérateurs ou poëtes : Quintana, Martinez de la Rosa, Villamarino, Regato, Garcia, Manriquez, etc., etc.

avec le plus héroïque dévouement ; voilà le prix dont Ferdinand paya les hommes qui avaient soutenu ses droits en dépit de ses propres renonciations ; enfin, voilà comment fut renversé, en un jour, un gouvernement représentatif, produit spontané du vœu national, dont l'établissement ne devait rien à la violence et que les puissances étrangères avaient solennellement reconnu. Toutes les institutions et tous les règlements établis par les Cortès furent abolis en masse, et l'administration retomba dans le chaos où s'était engloutie la prospérité du royaume, sans que le peuple témoignât le moindre regret de la liberté qu'on lui arrachait.

Cependant, touchés des maux de leur pays, des hommes généreux voulurent soumettre la couronne au régime constitutionnel ; ils échouèrent dans leurs projets. Les généraux Porlier et Lacy, à la suite de tentatives hardies mais infructueuses, portèrent leur tête sur l'échafaud, et le pouvoir redoubla de sévérité pour mieux arrêter les mouvements insurrectionnels qui se préparaient. Mais, tandis qu'il était occupé à réprimer en Europe les élans de liberté, les colonies d'Amérique proclamaient leur séparation de la mère-patrie ; Ferdinand voulut aussi les contraindre par la force à rester fidèles ; il y fut impuissant. Bien mieux, ce furent les troupes qu'il disposait contre ces colonies qui donnèrent dans la Péninsule le premier signal de l'insurrection. Elles se trouvaient concentrées à Cadix et à Léon, attendant le moment d'être embarquées, lorsqu'à l'insu de leurs chefs, les mots *liberté ! Constitution !* volèrent de rang en rang ; deux officiers, ardents patriotes, Riego et Quiroga, s'en emparent pour électriser les esprits ; et, suivis de quelques soldats, ils parcourent la Galice et l'Andalousie en proclamant la constitution rédigée par les Cortès de Cadix en 1810. Cette constitution, qui avait déjà délivré l'Espagne des Français, fut acceptée partout avec enthousiasme (janvier 1820).

Effrayé des progrès rapides de l'insurrection , le gouvernement ne chercha pas, cette fois, à l'étouffer ; il pactisa au contraire avec elle, et l'on vit l'astucieux Ferdinand s'empresser d'arborer le symbole qui lui était imposé. Aussitôt tout change de face : les proscrits reviennent de l'exil, les détenus sortent de leurs cachots , et les uns et les autres reprennent leurs anciens rangs. Sous ces nouveaux auspices, les Cortès s'assemblent et adoptent, entre autres réformes radicales , l'abolition des majorats et la suppression des couvents. Irrité de ces résolutions, qu'il considérait comme attentatoires à ses prérogatives , Ferdinand s'apprêtait secrètement à reconquérir le pouvoir absolu , lorsque la municipalité de Madrid , surprenant ses desseins , le força à congédier sa *camarilla* intime et à la remplacer par des hommes dévoués aux principes démocratiques : par là furent déjoués les projets liberticides de la réaction.

Malgré cet échec, à la deuxième session des Cortès constitutionnelles (mars 1821), Ferdinand fit entendre de nouvelles plaintes contre ses ministres, qui chaque jour, disait-il, empiétaient sur ses attributions. Pour le calmer, on lui permit de composer un nouveau ministère choisi parmi les démocrates modérés ; mais les clubs et les sociétés patriotiques avaient pris un ascendant immense sur les esprits et forçaient les ministres, malgré leur modérantisme, à seconder leurs projets , tandis que des bandes armées parcouraient la Péninsule pour y maintenir l'agitation. La fièvre jaune vint encore accroître ces ferments de désordre. Les prêtres et les moines s'emparèrent de la présence de ce fléau pour l'attribuer à une juste punition de Dieu encourue par les libéraux; mais malheureusement la peste atteignit aussi bien les innocents que les coupables. Dès ce moment l'Espagne se trouva divisée en deux camps: les absolu-

tistes et les libéraux, qui se firent une guerre acharnée. La garde royale, à l'instigation de quelques-uns
de ses chefs, ayant inutilement essayé de s'emparer
des autorités civiles de Madrid, Ferdinand feignit
de désapprouver cette manœuvre et laissa exécuter
plusieurs de ses partisans. Les libéraux ne se laissèrent pas prendre à cette apparente rigueur ; ils imposèrent au roi un ministère composé d'hommes
exaltés, à la tête desquels se trouvaient San Miguel
et Lopez-Baños, tous deux instigateurs de l'insurrection de l'île de Léon.

A la suite de ce double échec, les absolutistes se
retirèrent dans le nord de l'Espagne : la Catalogne,
la Biscaye, l'Aragon virent leurs phalanges se dé-
ployer sous les ordres du marquis de Mata-Florida,
de l'archevêque de Tarragone et du baron d'Eroles,
et la Seu-d'Urgel devint leur principale place d'armes.
De là, au moyen des intelligences qu'ils se ménageaient,
les absolutistes se portaient avec rapidité sur des
points indiqués, et y commettaient toute sorte de désordres. Pour faire cesser ces odieux brigandages, le
ministère créa cinq armées auxquelles il assigna pour
centres d'opérations : la Catalogne, la Navarre, la
Vieille-Castille, l'Estramadure et l'Andalousie ; elles
étaient placées sous les ordres immédiats des généraux
Mina, Ballesteros, Morillo, Labisbal et Villacampa. Ces
cinq armées furent hors d'état de maintenir l'ordre.

Cependant les grandes puissances de l'Europe, in-
quiètes de l'agitation démocratique qui régnait en
Espagne, voyaient avec peine l'amoindrissement des
prérogatives de la couronne. En conséquence, la
France, l'Autriche, la Russie et la Prusse firent représenter au cabinet de Madrid qu'il importait à la stabilité du pouvoir de réprimer ces tendances. Les Cortès
ne voulurent faire aucune concession, et, le 15 février
1823, Louis XVIII annonça aux chambres françaises
que cent mille hommes, sous les ordres de son neveu,

le duc d'Angoulême, étaient prêts à franchir les Pyrénées pour aller en Espagne abattre le gouvernement démocratique. En effet, le 6 avril, l'armée française avait traversé la Bidassoa, se dirigeant sur Madrid, car elle était assurée de ne trouver nulle part de résistance. Aussi, les Cortès, pour se mettre à l'abri de l'invasion, se portèrent de Madrid sur Séville, emmenant le roi avec elles ; et, lorsqu'elles apprirent que les divisions Bourmont et Bordesoult avaient envahi l'Andalousie, elles se réfugièrent à Cadix. Ferdinand ayant refusé de les suivre, elles l'enlevèrent de force et le constituèrent prisonnier.

Les Français entrèrent à Madrid le 24 mai, et le duc d'Angoulême se hâta de nommer une régence royaliste destinée à exercer le pouvoir durant la captivité du roi. Cette régence, composée des ducs de l'Infantado et de Montemar, de l'évêque Cabia et des généraux Calderon et d'Eroles, laissa commettre les plus graves excès, soit par les soldats de l'armée de la foi, soit par les nouvelles autorités qu'elle avait constituées. Partout des exécutions, ou plutôt des massacres, étaient organisés, et le drapeau français couvrait toutes ces horreurs ! Dès qu'il en fut instruit, le duc d'Angoulême défendit aux autorités espagnoles, civiles ou militaires, d'opérer aucune arrestation sans l'assentiment des commandants français. Tout était donc sur le point de rentrer dans l'ordre, car les généraux constitutionnels, reconnaissant leur impuissance, demandaient à capituler ; Riego seul essaya de résister à outrance, et ce ne fut qu'après avoir été fait prisonnier qu'il renonça à ce dessein. La prise du fort du Trocadero qui commande Cadix, la reddition de cette place et la remise de Ferdinand VII aux mains du duc d'Angoulême, achevèrent de pacifier l'Espagne (octobre 1823).

Une fois rétabli sur le trône, Ferdinand se livra sans réserve à ses passions haineuses et vindicatives.

Au lieu de couvrir tous les égarements par une large amnistie, il poursuivit avec acharnement les libéraux, incarcéra les uns, proscrivit les autres, et les plus marquants, au nombre desquels se trouva Riego, furent impitoyablement livrés au bourreau. Au reste, depuis sa délivrance, Ferdinand se montra presque aussi impitoyable envers les absolutistes qu'envers les libéraux; tout ce qui tendait à troubler son repos était sacrifié : volontaires royalistes ou *negros*, tout lui était hostile, du moment où l'on enfreignait le programme qu'il avait imposé. Son mariage avec Marie-Christine, princesse des Deux-Siciles, parut cependant tempérer la férocité de son caractère (1829). Dès ce moment il ne s'occupa plus que de concentrer dans les limites étroites de sa famille la succession de la couronne. Il détestait souverainement son frère Don Carlos, qui lui suscitait sans cesse des entraves de la part des absolutistes, et il résolut de l'éloigner à tout jamais. En conséquence, il révoqua la loi salique importée par son aïeul Philippe et V, mit en vigueur la succession castillane qui admettait les femmes à l'héritage direct de la royauté. De son mariage étaient issues deux princesses, et c'est sur leur tête qu'il résolut de faire passer exclusivement la couronne d'Espagne. La mort le saisit au milieu de ces préoccupations, et Isabelle, sa fille aînée, fut appelée à lui succéder. Cette jeune princesse avait à peine trois ans, et fut placée sous la tutelle de sa mère. L'Espagne échappa ainsi au parti clérical et absolutiste (septembre 1833).

A la mort de Ferdinand deux partis se trouvèrent aussitôt en présence : les *libéraux*, qui avaient vu avec plaisir l'abolition de la loi salique, parce que Don Carlos, frère du roi, fougueux champion de l'absolutisme, se trouvait ainsi écarté du trône; et les *absolutistes*, qui défendaient énergiquement les prétentions du prince. Ces deux partis, violemment irrités l'un contre l'autre, ne tardèrent pas à en venir aux mains. Ferdinand était mort le 29 septembre, et déjà, le 4 octobre, une insurrection éclatait à Bilbao, où le marquis de Valdespina, à la tête de volontaires royalistes, fit une entrée triomphale. La Biscaye tout entière et l'Alava suivirent cet exemple et proclamèrent Don Carlos sous le nom de Charles V ; le Guipuzcoa et la Navarre le reconnurent bientôt après. De leur côté, les ministres d'Isabelle avaient obtenu que la France maintiendrait, le long des Pyrénées, un corps de 50,000 hommes destiné à empêcher les carlistes de se ravitailler au delà des frontières.

Malgré cette précaution, malgré la quadruple alliance composée de la France, de l'Angleterre, de l'Espagne et du Portugal, alliance qui avait pour but d'assurer en Espagne et en Portugal le triomphe des idées libérales, les absolutistes parvinrent à organiser une armée qui, sous les ordres de Zumalacarreguy, remporta de brillants avantages sur les troupes d'Isabelle. Les généraux les plus expérimentés de l'Espagne se mesurèrent successivement avec Zumalacarreguy et furent tous battus : Saarfield, Valdès, Quesada, Rodil, Mina, Cordova, furent tour à tour obligés de résigner le commandement. Heureusement pour l'Espagne constitutionnelle, Zumalacarreguy trouva la mort devant Bilbao, dont il faisait le siége ; ses lieutenants, Gomez, Cabrera et Basilio, animés d'une audace sans pareille, franchirent bientôt les vallées basques et vinrent jusqu'aux portes de Madrid montrer leurs baïonnettes. Espartero leur fut opposé, et tout changea de face ; ce général chassa les carlistes des mamelons de Luchana, débloqua Bilbao, repoussa Don Carlos au delà de l'Ebre, l'accula même jusqu'à la frontière de France, et força Maroto, le dernier général carliste, à consentir au désarmement de l'armée absolutiste. Ce fut le traité de Bergara (29 août 1839) qui mit fin à cette odieuse guerre civile, où de part et d'autre on en était venu à égorger froidement les prisonniers. Pour prix de ses succès, Espartero reçut les titres de comte de Luchana et de duc de la Victoire avec la grandesse de première classe; dès ce moment il devint l'un des personnages politiques les plus influents d'Espagne.

Lorsqu'il rentra triomphant dans Madrid, à la tête de son armée, Espartero se trouva en présence du ministère Calatrava, dont l'exaltation avait irrité les officiers de la garde royale. Ils traduisirent leur mécontentement en vociférations injurieuses qui auraient mérité une sévère répression; mais Espartero ne voulut pas consentir à ce qu'on les traduisît devant un conseil de guerre. En présence de cette résistance, le cabinet en masse se retira, et la présidence du conseil, ainsi que le portefeuille de la guerre, furent offerts à Espartero; il refusa ces hautes positions, mais il accepta le ministère de la guerre pour son ami le général Alaix. Dès ce moment, Espartero devint un homme indispensable à la stabilité de l'Etat; la régente ne le crut pas ainsi et s'en repentit. Ayant voulu, malgré l'opposition d'Espartero, faire adopter par les Cortès une loi contre les priviléges des *ayuntamientos*, elle échoua; poursuivie par la clameur populaire, elle fut même obligée d'abdiquer la régence et de quitter l'Espagne (10 octobre 1840).

Nommé *régent* par élection, Espartero déploya, dans beaucoup de circonstances, une grande vigueur et une rare intelligence; il vainquit successivement plusieurs insurrections : celle de Pampelune, fomentée par Diego, ainsi que celles des provinces basques et de Barcelone (1841-1842); mais bientôt, modérés et progressistes se liguèrent contre lui. Le ministère Lopez l'obligea d'abord à accorder une amnistie générale; cette exigence, suscitée par les modérés, ne s'arrêta pas là : le régent fut sommé de renvoyer son secrétaire Linage et le général Zurbano, qui avait soumis Barcelone ; on l'accusa ensuite d'avoir favorisé l'adoption d'un traité de commerce tout à l'avantage de l'Angleterre ; enfin, la junte de Barcelonne déclara Isabelle majeure et le régent déchu de ses attributions. Lopez, Serrano et Caballero, constitués en gouvernement provisoire, déclarèrent Espartero traître à la patrie, et Narvaëz, ennemi personnel du régent, se porta sur Madrid à la tête de troupes insurgées et l'en chassa. Quelques jours après, Espartero allait en exilé s'asseoir au foyer hospitalier de la Grande-Bretagne (19 août 1843).

Le départ du régent dégagea Isabelle de toute espèce de tutelle ; ainsi, à treize ans, la jeune reine se trouva livrée à son libre arbitre pour gouverner une nation si difficile à manier ; c'est-à-dire que plus que jamais elle fut à la merci des partis. Nous n'essayerons pas de dévider le fil de toutes les intrigues qui, depuis dix-neuf ans, se lient et se dénouent autour du trône d'Isabelle ; ce travail serait infiniment trop long : que l'on se représente d'un côté des politiques sans vues bien arrêtées, ultramontains, progressistes, modérés, militaires mécontents, armés de leurs terribles *pronunciamentos*, ne sachant pas trop, ni les uns ni les autres, vers quel orient se tourner, mais s'épiant sans cesse, cherchant à se supplanter et se livrant une guerre sans quartier ; de l'autre côté, une jeune femme, sans aucune idée du système constitutionnel dont elle doit être la clef, instruite en sens contraire du rôle qu'elle est destinée à remplir, dominée surtout par l'esprit de bigotisme qui plane sur la haute société madrilène, incertaine dans toutes ses aspirations, obéissant tantôt à ses ministres, tantôt à sa camarilla, suivant que l'on parvient à l'impressionner, n'ayant pas même été libre de prendre un époux de son choix comme l'a fait Victoria, en Angleterre, et obligée de s'allier à un des membres les plus obscurs de sa famille (1).

Nous avons vu, en 1843, Espartero obligé de chercher son salut dans la fuite; la révolution française de 1848, qui eut aussi en Espagne un grand retentissement, lui rendit ses titres et ses dignités. Il vivait paisible et oublié dans sa ville natale, lorsque le système de répression à outrance du ministère San-Luis occasionna, en 1854, une insurrection militaire. Espartero fut aussitôt appelé pour la calmer; on l'investit de la présidence du conseil, et, afin de lui faire oublier son exil, on lui donna en outre la charge de généralissime de toutes les armées nationales. Fort d'une telle puissance, Espartero se croyait inexpugnable, lorsque la loi de désamortissement des biens ecclésiastiques qu'il avait proposée, qu'il fit même adopter par force à la reine (3 mai 1855), vint le culbuter. Le maréchal O'Donnell, son ami, le remplaça. et celui-ci ne garda le pouvoir que quelques mois. Une autre illustration militaire, le maréchal Narvaëz, eut la direction suprême du cabinet, et la loi de désamortissement, que la reine avait eu tant de peine à signer, fut abrogée. Malgré cette concession, Narvaëz ne se maintint pas au pouvoir; O'Donnell le supplanta bientôt après; et celui-ci n'aurait pas tardé à céder sa place à quelque général mieux en cour que lui, si la guerre du Maroc, n'étant devenue une guerre populaire, on n'eût cherché, pour la diriger, un chef expérimenté capable d'inspirer confiance à tous les partis. Dès ce moment le choix fut arrêté : la reine, le peuple et l'armée se tournèrent vers O'Donnell (1859). L'heureux succès de cette guerre, les avantages matériels qui en sont résultés pour l'Espagne (2), ont accru l'influence et l'autorité

____

(1) Le prince Don Maria Ferdinand d'Assise, devenu époux-roi depuis le 10 octobre 1846.

(2) Le traité de paix entre l'Espagne et le Maroc, ratifié le 25 avril 1860, concéda à l'Espagne divers nouveaux ter-

d'O'Donnell, duc de Tetuan et président du conseil !

Dans un autre pays, cette position serait inexpugnable, mais en Espagne tout est chancelant ; car l'autorité royale y est sans cesse menacée. Au commencement de 1860, un général en activité, oubliant tous ses devoirs, levait l'étendard de la révolte et proclamait l'absolutisme, représenté par le fils aîné de Don Carlos, le comte de Montemolin, tentative éphémère qui a mis une fois de plus en évidence la lâcheté de ces misérables princes qui, prisonniers, se sont empressés de reconnaître Isabelle, et qui ensuite, généreusement rendus à la liberté, ont eu le triste courage de désavouer ce qu'ils avaient signé, détenus, sans songer à couvrir de leur nom le malheureux général Ortéga, leur complice, qui a expié par le supplice sa folle aventure. Pendant ce temps, le dernier fils de Don Carlos, Don Juan, se posait comme le champion de la démocratie pure, et les mouvements populaires qui ont agité l'Andalousie en 1861 tendraient à faire supposer que ce prince n'y était pas étranger.

Telle est aujourd'hui l'Espagne : monarchie sans force et sans principes ; — nation déchue, grandesse avilie, partis incertains ; — chambres sans majesté ; — municipalités égoïstes, cherchant à conserver et à étendre leurs priviléges ; — administration en désarroi, finances obérées ; — le clergé seul ayant un but fixe, se mêlant à tous les partis, à toutes les intrigues pour faire échouer le progrès et ramener les esprits au delà de 89. On comprendra quelle doit être l'énergie de ses efforts, lorsque nous aurons dit que, pendant six siècles, le clergé d'Espagne fut tout puissant, même en matière civile, car il ne reconnaissait d'autre juridiction que la sienne ; tenant le roi par ses confesseurs, le peuple

ritoires sur le littoral africain et une indemnité de guerre de *quatre cent millions de réaux.*

par le naïf et violent fanatisme de sa crédulité ; dominant l'intelligence par l'inquisition ; exempt de charges envers l'Etat et absorbant la fortune publique par ses bénéfices, par la dîme, par les redevances du casuel, par les dons qu'il arrachait aux faibles, par les confiscations qu'il opérait sur tous ceux qui voulaient lui résister ; sources abondantes qui faisaient élever son revenu jusqu'à UN MILLIARD DEUX CENTS MILLIONS DE RÉAUX par an ! On conçoit que l'on renonce difficilement à une telle position, et que, si elle est perdue ou compromise, on mette tout en œuvre pour la reconquérir ! Voilà pourquoi la sécularisation des biens du clergé, admise en principe par tous les économistes de l'Europe, est en Espagne sans cesse présentée et retirée. On annonce enfin que le désamortissement va s'accomplir et que les nouvelles chambres vont marcher largement dans la voie libérale et constitutionnelle : tant mieux ; mais O'Donnell craint toujours d'être obligé de quitter le ministère, parce qu'il ne peut entraîner la reine à reconnaître le nouveau royaume d'Italie.

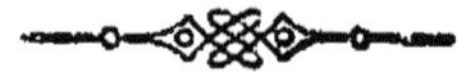

PRÉCIS

L'HISTOIRE DE PORTUGAL

DEPUIS

LA BATAILLE D'OURIQUE

JUSQU'A NOS JOURS.

(1139 — 1862)

———

Nous avons dit, à la fin du chapitre IV de l'*Histoire d'Espagne*, que Henri II, fils de Henri de Bourgogne, devait être considéré comme le fondateur de la monarchie portugaise ; car aussitôt après la mémorable victoire d'Ourique remportée par lui sur cinq rois maures, il fut élevé sur le pavois et proclamé *roi de Portugal* par son armée (1139). Le lendemain il se dirigea sur Coïmbre, où l'enthousiasme du peuple ratifia les vœux des soldats. Le titre qu'il venait d'acquérir si glorieusement lui imposait de nouveaux devoirs ; il sut les remplir, et, après avoir consolidé par de nouveaux combats la victoire qu'il avait remportée, il convoqua les États de son royaume.

L'assemblée se réunit à Lamego (1142), et le prince y parut sans aucune des marques extérieures de la royauté ; seulement il tenait à la main, au lieu de sceptre, la même épée qu'il portait à Ourique. Dès son entrée dans la salle, il fut de nouveau acclamé, et l'archevêque de Braga, posant sur sa tête l'antique couronne d'or des rois Goths, il fut salué roi de Portugal sous le double nom de *Alphonse Henriquez*,

qui consacrait son origine ; puis, s'avançant sur une estrade, il adressa cette courte allocution à l'assemblée : « Béni soit Dieu, qui m'a toujours assisté quand
» je vous ai délivrés de vos ennemis avec cette épée
» que je porte pour votre défense. Vous m'avez fait
» roi, et je dois partager avec vous les soins de l'État.
» Je suis donc votre roi, et c'est en cette qualité que
» je vous invite à faire des lois qui établissent la
» tranquillité dans notre royaume ! »

La couronne de Portugal fut déclarée héréditaire ; mais voici comment fut réglé l'ordre de succession :
« Le fils succédera au père, après le fils, le petit-fils,
» et ainsi des autres ; si le roi meurt sans enfants et
» qu'il ait un frère, ce frère lui succédera ; mais son
» fils ne portera la couronne après lui que dans le
» cas où les évêques, les gouverneurs des villes et
» les chefs de la noblesse y consentiront. Si le roi
» meurt sans enfants mâles et qu'il laisse une fille,
» elle sera reine, mais elle ne pourra se marier qu'à
» un Portugais noble, lequel ne sera reconnu pour
» roi qu'après avoir eu un enfant mâle de la reine.
» Si la fille du roi épouse un étranger, elle sera ex-
» clue de la succession ; car nous ne voulons point
» que nos peuples soient obligés d'obéir à un roi qui
» ne serait pas né Portugais, puisque ce sont nos su-
» jets et nos compatriotes qui, sans aucun secours
» étranger, mais par leur valeur et aux dépens de leur
» sang, nous ont fait roi ! »

Cette héroïque assemblée des vieux Portugais de Lamego se termina par un acte où paraît tout entière la fierté de ce peuple naissant. Jusque-là, le Portugal avait reconnu, par l'acquittement d'un tribut annuel, la suzeraineté des rois de Léon ; mais alors la nation et son souverain, se jugeant affranchis par la victoire qu'ils avaient remportée sur les Maures, déclarèrent qu'ils ne le payeraient plus. « Nous sommes libres, di-
» rent les Cortès, et le roi l'est comme nous ; nous

» devons la liberté à notre courage, et si le roi con-
» sentait à payer tribut et à se rendre aux assemblées
» des Etats de Léon, il serait indigne de vivre, et ne
» régnerait point sur nous ni parmi nous!... » Le
roi adhéra avec empressement à cette noble déclara-
tion, et les Cortès de Lamego terminèrent leurs travaux en se mettant sous la protection de saint Bernard.

La suite du règne d'Alphonse répondit à de si beaux
commencements. Constamment vainqueur des Maures, il leur enleva les villes d'Evora, de Santarem et
de Lisbonne. Moins heureux au nord de ses Etats, contre les chrétiens, il dut se résigner à voir sa longue
suite de succès se terminer par quelques revers. Alphonse mourut en 1185, à l'âge de 91 ans, dans le
plein exercice du pouvoir; il en avait passé 70 à combattre les Maures et les Espagnols. Aussi, les Portugais le révèrent non-seulement comme fondateur de
leur monarchie; mais ils lui attribuent en outre les
vertus d'un saint.

Sanche Ier, unique fils d'Alphonse, hérita des ta-
lents et des vertus de son père, mais la fortune se
montra presque toujours contraire à ce prince; il
eut à combattre à la fois tous les fléaux : l'invasion des
Maures, la peste, la famine et les inondations. Sanche
fut néanmoins assez heureux pour conquérir sur les
Maures une partie de la province des Algarves, et,
dès 1197, il prenait le titre de *roi de Portugal et
des Algarves*. Son fils, Alphonse II, qui lui succéda
en 1211, remporta une victoire signalée sur les rois
maures de Cordoue et de Badajoz (1217), et sans doute
il aurait agrandi les limites de ses Etats si le clergé ne
se fût refusé de concourir aux dépenses de la guerre;
Alphonse voulut l'y contraindre; mais les foudres du
Vatican lui ôtèrent tout moyen d'action, en le frap-
pant d'excommunication et en jetant l'interdit sur le
royaume. Désolé d'une telle situation, Alphonse mourut de chagrin, à peine âgé de 38 ans (1223).

Sanche II succéda à son père, à peine âgé de seize ans : il remporta des avantages considérables sur les Maures, les chassa de l'Alemtejo et leur enleva plusieurs places dans les Algarves. Malheureusement, il se brouilla, lui aussi, avec le clergé, et le pape l'excommunia en donnant la régence à son frère Alphonse. Sanche, après s'être réfugié auprès du roi Ferdinand, à Tolède, et en avoir reçu des secours, était rentré dans son royaume et espérait prendre possession du trône (1227) lorsque la seule lecture de la bulle du pape, que fit publier l'archevêque de Braga, jeta la consternation dans son armée, qui l'abandonna presque entièrement. Sanche se vit alors contraint de rentrer à Tolède où il mourut sans postérité (1248). Alphonse III, frère de Sanche, qui, depuis l'an 1245, gouvernait le royaume comme régent, fut proclamé roi et couronné à Coïmbre, en 1248. Il poussa au delà de la Guadiana les conquêtes qu'il avait déjà faites sur les Maures ; mais le roi de Castille, jaloux de ses succès, l'obligea de partager avec lui ce qu'il avait acquis dans l'Algarve et l'Andalousie (1253). Les événements qui signalèrent la fin du règne d'Alphonse sont dénués d'intérêt ; lui aussi fut atteint des foudres du Vatican, parce qu'il s'opposa aux empiétements du clergé portugais, animé de la plus sordide cupidité. Il mourut à Lisbonne, le 20 mars 1278.

Denis, fils d'Alphonse III et de Béatrix de Castille, succéda à son père ; quoiqu'il n'eût que 18 ans, il fit preuve de bonne heure d'une grande perspicacité, et mérita par la suite le beau surnom de *Père de la patrie*. Ce prince, éclairé par ses vertus et devançant son époque, favorisa de tout son pouvoir l'essor des communautés en pratiquant dans ses propres domaines des affranchissements dont il faisait une sorte de récompense pour les hommes les plus actifs et les plus industrieux. Il encouragea l'agriculture ; il réprima l'avidité des corporations monastiques en leur défendant d'acquérir de nouveaux immeubles ; il répara et embellit presque toutes les villes de Portugal, fonda celle de Montréal et obtint du pape la réunion des biens des Templiers à l'ordre militaire du Christ, qu'il venait de créer (1319). Ce prince jouissait depuis longtemps des avantages de la paix, fruit de sa sagesse et de son application, lorsque son fils leva tout à coup l'étendard de la révolte (1319). Pendant quatre ans, ce prince rebelle tint en échec les troupes royales; mais, grâce aux efforts des lieutenants de Denis, il fut obligé de mettre bas les armes et d'implorer son pardon. Les chagrins que cette révolte avait donnés au roi précipitèrent la fin de son existence. Denis mourut le 7 janvier 1325, à l'âge de soixante-trois ans, universellement regretté de ses sujets.

Alphonse IV, dit *le Brave* ou *le Fier*, fils de Denis et d'Élisabeth d'Aragon, succéda à son père, et son premier acte d'autorité fut de dépouiller de tous ses biens et de chasser du royaume Sanche d'Albukerque, son frère naturel, que de loyaux services recommandaient à l'estime générale. Le seul fait glorieux du règne d'Alphonse, c'est la part qu'il prit à la bataille de Salado, qui sauva une seconde fois la Péninsule du débordement des musulmans d'Afrique (1340). Mais en 1355, il souilla sa mémoire d'un crime atroce, en faisant égorger Iñez de Castro, à laquelle Pierre, son fils, s'était uni sans son consentement, événement tragique que le Camoëns a immortalisé dans ses vers.

Dom Pèdre, chez qui toutes les passions étaient impétueuses, et l'amour sa passion dominante, se livra à tous les égarements de la fureur et du désespoir ; avec les frères de la malheureuse Iñez, qu'un besoin commun de vengeance unissait à lui, il souleva les provinces d'Entre-Douro-e-Minho, et fit la guerre la plus acharnée à son père; il voulait à toute force qu'on lui remît les trois hommes qui avaient accompli le meurtre. Alphonse ne voulut ja-

mais y consentir ; mais aussitôt après sa mort 1357),
Dom Pèdre, monté sur le trône, parvint à faire arrêter deux des trois complices et leur fit subir les plus
cruels tourments avant de leur arracher la vie. Ainsi
fut vengée la belle Iñez. Malgré son caractère farou-
che, Dom Pèdre a reçu de la postérité le surnom de
Justicier, non qu'il se soit occupé de la rédaction
des lois, mais bien parce qu'il aimait l'ordre et qu'il
se plaisait à détruire partout les abus.. Ce prince descendit au tombeau le 18 janvier 1367, au milieu des
larmes de ses sujets.

Ferdinand Ier, fils de Dom Pèdre, lui succéda ; et,
dès son avénement au trône de Portugal, il éleva des
prétentions à la couronne de Castille, en sa qualité
d'arrière-petit-fils de Sanche IV. Henri, qui occupait
alors le trône, combattit cette prétention les armes à
la main, et le força à s'en désister ; Ferdinand se
soumit un instant ; mais, ayant trouvé un allié dans
le duc de Lancastre, qui, de son côté, prétendait à la
Castille du chef de sa femme Constance, fille de Pierre
le Cruel et de Marie de Padilla, ils attaquèrent ensemble Henri. Instruit par ses agents de tous les préparatifs de guerre, le roi de Castille déjoua les projets
de ses ennemis ; et, en ayant triomphé en plusieurs
rencontres, le cardinal Guy de Boulogne, légat du
pape, parvint à réconcilier ces trois princes. Pour
mieux cimenter la paix, Ferdinand accorda la main
de sa fille Béatrix au roi de Castille, et mourut peu
de temps après (1383), ne laissant d'autre réputation
que celle de prince efféminé, inconstant et perfide ;
en lui s'éteignit la maison de Bourgogne, qui avait
donné dix souverains au Portugal.

Le mariage de Béatrix avec le roi de Castille pouvait devenir l'occasion d'un grave conflit ; en effet, il
avait été stipulé que si, de cette union, il naissait
un enfant mâle, il serait élevé en Portugal et reconnu
roi de ce pays ; dans le cas contraire, le roi de Cas-

tille serait substitué à ce fils. A la mort de Ferdinand, le roi de Castille prétendit que le royaume de Portugal lui appartenait, et somma la veuve du roi défunt et les Cortès de le faire reconnaître. A cette exigence, les Portugais sentirent bouillonner au fond du cœur leur haine instinctive contre une domination étrangère, et organisèrent, sur tous les points du royaume, une vive résistance contre le Castillan. Alors vivait en Portugal, entouré de l'estime publique, un jeune prince que l'on voyait toujours, dans les moments difficiles, affronter le péril pour le salut de son pays. C'était Dom Joam, grand-maître d'Avis, fils de Dom Pèdre et de Teresa Lorenzo, sa concubine. Dans ce moment extrême, tous les yeux se portent sur lui, et les Etats assemblés à Coïmbre le nommèrent régent et protecteur du royaume. En cette qualité, il organise la défense, et attend l'ennemi d'un pied ferme. Les Castillans, en effet, ne tardèrent pas à se présenter devant Lisbonne avec des forces considérables ; le siége fut aussitôt commencé et poussé avec vigueur ; mais le régent veillait sur tous les points et détruisait sans cesse les ouvrages des assaillants. Les maladies contagieuses et la faim vinrent ensuite exercer leurs ravages ordinaires sur le camp espagnol, et le roi de Castille, voyant la ferme résolution des assiégés, se retira (1385).

Aussitôt après la délivrance de Lisbonne, le régent se rendit à Coïmbre, où il avait réuni les Etats, et ceux-ci, à l'unanimité, lui décernèrent le titre de roi de Portugal, qu'il voulut mériter encore par une nouvelle victoire. En effet, le 14 août de cette même année 1385, ayant rencontré les Castillans dans les plaines d'Aljubarotta, il les tailla en pièces et consolida à tout jamais la dynastie d'Avis sur le trône. Lorsqu'il vit son pouvoir solidement établi, Dom Joam s'efforça de rabaisser l'aristocratie en révoquant toutes les libéralités qu'elle tenait de ses prédécesseurs, libéralités imprudentes, qui avaient trop affaibli la couronne; les filles nobles elles-mêmes ne purent hériter des biens qui, dans l'origine, avaient appartenu au domaine royal; enfin, les monastères furent aussi obligés à restitution. Grâce à ces expédients, le revenu public augmenta sans qu'il fût nécessaire d'élever les impôts; l'aristocratie et le clergé se montrèrent hostiles à ces mesures; mais le peuple y applaudit, et elles furent maintenues. Dom Joam travailla ensuite à la réforme de l'antique législation qui régissait le royaume, et en refondit toutes les dispositions dans un code plus en harmonie avec les mœurs de l'époque. N'ayant plus rien à changer, ce monarque voulut armer ses trois fils chevaliers; mais ceux-ci n'acceptèrent cet honneur qu'après s'en être rendus dignes par quelques exploits. En conséquence, une expédition fut dirigée contre les Maures d'Afrique, et la prise de Ceuta en fut indiquée comme le terme. Les trois jeunes princes se mirent à la tête des troupes, et se signalèrent dans toutes les rencontres; enfin, ils furent les premiers à arborer l'étendard de Portugal sur les murs de Ceuta. L'armée les proclama chevaliers sans reproche, et Dom Joam, qui assistait à l'expédition, consacra leur bravoure en leur ceignant l'écharpe de chevalier dans la principale mosquée de Ceuta (1415). Aucun fait important ne signala la fin du règne de Dom Joam, qui expira en 1443, âgé de 76 ans. Son fils aîné, Edouard, lui succéda.

Ce fut l'un des trois fils de Dom Joam, Dom Henri, duc de Viseo, qui donna la première impulsion aux entreprises maritimes des Portugais. Ce prince cultivait les sciences avec ardeur, et était assez savant en mathématiques pour introduire des perfectionnements dans l'art, si peu avancé alors, de la navigation. Il s'était fixé à Sagres, ville bâtie par lui à l'extrémité du cap Saint-Vincent; et de là ce grand prince traçait leur course aux vaisseaux que, souvent, il avait équipés à ses frais. Dom Henri avait en outre établi une école de navigation, la première qui ait existé en Europe, et dans laquelle Christophe Colomb vint perfectionner ses connaissances.

C'est sous de si heureux auspices que les Portugais ouvrirent le champ immense des découvertes qu'ils ont parcourues avec tant d'éclat. De 1418 à 1420, Tristan Vaz et Gonzalès Zarco découvrent les îles de Porto-Santo et de Madère; en 1420, Ferdinand de Castro, grand-maître de la maison de l'infant Dom Henri, reconnaît l'archipel des Canaries, dont le Français Béthencourt s'était emparé au nom de l'Espagne. En 1428, Gilianez double le fameux cap Nun, qui jusqu'alors avait été le terme de la navigation sur la côte occidentale de l'Afrique; en même temps, Gonzalbo-Velho-Cabral abordait à l'île Santa-Maria, et commençait la découverte de l'archipel des Açores, où l'on savait que huit marins de Lisbonne avaient déjà abordé en 1015. De 1440 à 1470, sous le commandement de Denis Fernandez, d'Antonio de Nolli, de Cadamosto, de Nuño Tristan, les navigateurs portugais franchissent la ligne, reconnaissent le Cap-Blanc, prennent possession de l'archipel du Cap-Vert, du Sénégal, de la rivière de Gambie, de Rio-Grande, de la côte de Guinée, de Sierra Leone, du cap Mesurado et de la Côte d'Or. De 1470 à 1478, Fernando-Pô découvre les îles de Saint-Thomas, du Prince, d'Annobon et celle à laquelle le nom de ce navigateur fut imposé. La domination du Portugal commençait déjà à s'étendre sur la côte occidentale de l'Afrique; de nouvelles prises de possession l'y raffermirent. En 1482, Diego d'Azambuja avait jeté les fondements du fort Saint-George de la Mina; Diego Cam et Alphonse d'Aveïro avaient établi des relations sur la côte du Congo, ainsi que dans le royaume de Benin; enfin, en 1486, Barthélemy Diaz découvrait le cap de Bonne-Espérance, et, en 1497, Vasco de Gama, doublant ce cap, découvrait l'île de Mozambique et reconnaissait 1,500 lieues de côtes sur le littoral africain, où il faisait flotter le pavillon lusitanien.

Toutes ces prises de possession eurent pour résultat de procurer une grande opulence au Portugal. C'est alors que les richesses de la Perse, de l'Arabie, du Mogol, des côtes de l'Inde, de la Chine et du Japon commencèrent à affluer à Lisbonne, pour de là se répandre dans toutes les parties de l'Europe. Mais ce n'est encore que le prélude de cette prodigieuse prospérité, dont le Portugal, au xvie siècle, va nous montrer le magnifique épanouissement ; car l'Asie, l'Afrique et l'Amérique vont être simultanément le théâtre de nouvelles conquêtes, qui furent d'abord combattues par la cour de Madrid, mais que le pape Alexandre VI, dans son *infaillible sagesse*, répartit entre l'Espagne et le Portugal. Par sa célèbre bulle de *démarcation*, le souverain pontife accorda la partie occidentale du globe à l'Espagne, et la partie orientale au Portugal.

En 1500, Cabral, avec treize vaisseaux, se porte vers le Cap-Vert, en tirant au sud, dans l'intention de doubler plus aisément le cap de Bonne-Espérance, et reconnaît une partie des côtes du Brésil. Cabral se rembarque ensuite pour les Indes Orientales, arrive à Calicut, dans l'Indostan, et de là passe à Cananor, puis à Cochin. Après Cabral, Vincent Yannez Pinzon reconnaît le cap Saint-Augustin sur les côtes du Brésil, et Améric Vespuce prend possession de ces vastes contrées au nom du Portugal ; en même temps, d'Almeida découvrait Madagascar, Ceylan, les Maldives, et jetait les premières bases de l'Asie portugaise. En 1508, Tristan d'Acunha reconnaissait l'île de l'Ascension, et Sigueïra s'emparait de Sumatra. Mais voici venir le grand Albukerque, qui laisse bien loin derrière lui tous ses devanciers.

Issu d'une famille illustre de Lisbonne, Albukerque fut nommé, en 1503, vice-roi des Indes. Il signala son entrée en fonctions par la conquête de Goa et du Malabar ; les îles de Ceylan, de la Sonde, de Sumatra et la presqu'île de Malacca reconnurent son autorité ; les rois de Siam et de Pégu recherchèrent son alliance. Avec une poignée de Portugais, Albukerque était plus puissant qu'un roi, qu'un empereur. Sous son administration, Goa et Ormuz devinrent les plus riches entrepôts du monde ; tout y abondait : l'or, les pierreries, les épices, l'ivoire, les étoffes de soie et les plus riches tissus de l'Inde. Tous les favorisés de la fortune choisissaient ces deux villes pour leur séjour habituel, car ils y trouvaient réunis toutes les voluptés et tous les arts qui flattent les sens.

Albukerque fut le héros de son siècle : il avait conquis et organisé cet empire asiatique composé du Malabar, de Ceylan, des îles de la Sonde, d'Ormuz, de Sumatra et de la presqu'île de Malacca ; il avait rempli l'Orient de la terreur et du respect du nom portugais, reçu les ambassades et la soumission des rois de Siam et de Pégu ; il avait humilié le roi de Perse, abaissé la fierté des mameluks ; il avait chassé les Arabes d'Aden, ouvert la mer Rouge aux flottes portugaises, et, malgré de sanglants abus de la victoire, son nom et sa mémoire furent longtemps vénérés dans l'Inde. Lorsque Albukerque eut expiré, sous l'ingratitude et la disgrâce de la cour (1515), ses compatriotes continuèrent son œuvre et l'agrandirent encore.

Nous ne les suivrons pas dans leurs hardies entreprises ; nous nous bornerons à dire que les possessions portugaises en Asie, en Afrique et en Amérique étaient divisées, au XVIᵉ siècle, en quatre vice-royautés ou gouvernements : 1° le gouvernement de l'Inde, qui s'étendait depuis le cap Guardafui jusqu'à l'île de Ceylan ; 2° le gouvernement du Monomotapa, comprenant toutes les côtes d'Afrique ; 3° le gouvernement de Malacca, qui s'étendait depuis le Pégu jusqu'à la Chine ; 4° le gouvernement du Brésil, qui comprenait ce territoire, dix fois plus grand que la France et les Guyanes.

Le mouvement expansif des Portugais, dont nous venons d'esquisser les principaux résultats, s'arrêta au milieu du XVIᵉ siècle ; il s'était accompli sous le règne de six souverains :

Édouard, fils de Dom Joam Iᵉʳ et de Philippine de Lancastre (1433 1438).

Alphonse V, dit *l'Africain*, fils d'Édouard, succède à son père (1439), s'empare d'Azzile et de Tanger sur les Maures, se fait proclamer roi de Castille ; mais, après la bataille de Toro, dans laquelle il éprouva un échec éclatant, il fut obligé de renoncer à ses imprudentes prétentions, et meurt le 28 août 1481

Joam II succède à Alphonse son père, et meurt en 1495.

Emmanuel, dit *le Fortuné*, succède à son cousin Joam ; c'est sous son règne que s'accomplirent les principales découvertes dont nous avons, plus haut, tracé le tableau. Il meurt en 1521.

Joam III, fils d'Emmanuel et de Marie de Castille, succède à son père. Les conquêtes des navigateurs portugais se poursuivent sous ce règne ; mais un effroyable tremblement de terre détruit un grand nombre de villes du Portugal et engloutit 30,000 personnes. En 1526, l'inquisition est introduite dans le royaume ainsi que les jésuites, et, chose incroyable, le roi se fait recevoir disciple de Loyola, mais il obtient du saint siége la permission de garder la couronne. Il meurt en 1557.

Sébastien Iᵉʳ succède à son aïeul, Dom Joam III ; son règne fut signalé par sa malencontreuse expédition contre le Maroc et par la désastreuse bataille d'Alcaçarquibir (1578), dans laquellle ce monarque succomba ainsi qu'une grande partie de la noblesse portugaise. Lorsque le Camoëns, le seul poëte vraiment digne de ce nom qu'ait eu le Portugal, et qui végétait alors à Lisbonne avec une modique pension de cent livres, apprit la déroute d'Alcaçarquibir, « il ne me reste plus qu'à mourir! » répondit-il stoïquement. En effet, le poëte patriote, accablé par le chagrin et la misère, expira quelque temps après (1579) dans un hôpital; il ne survécut pas au deuil de son pays, lui, dont les *Lusiades* avaient immortalisé la gloire (1).

La mort prématurée de Dom Sébastien entraîna la chute de la maison d'Avis et par suite la ruine de la monarchie portugaise. Dans le chapitre VII de l'*Histoire d'Espagne*, nous avons exposé les circonstances qui amenèrent cette double catastrophe. Dom Sébastien, mourant sans héritiers directs, laissa la couronne à des collatéraux engagés dans les ordres, vieux, infirmes et inhabiles au grand art de gouverner. Philippe II, roi d'Espagne, profita de cette situation difficile pour faire valoir les droits qu'il pouvait avoir au trône de Portugal, droits qu'il appuyait sur soixante mille baïonnettes aux ordres d'un général consommé, le duc d'Albe. En moins de deux mois, la conquête du Portugal fut réalisée, et, pendant soixante ans, de 1580 à 1640, cette vaillante nation demeura rivée aux destinées de l'Espagne, sous les règnes de Philippe II, Philippe III et Philippe IV. Dans le cours de cette funeste période, le génie de la nation portugaise s'éteignit avec sa liberté. Soixante années de servitude et de fers avaient laissé des traces profondes, que le temps n'a pu entièrement effacer.

Nous avons dit, au chapitre VII déjà cité, par quel concours de circonstances heureuses les Portugais parvinrent à secouer le joug espagnol et firent asseoir

(1) Le Camoëns, qui n'eut pas de pain de son vivant, aura enfin une statue, que Lisbonne se propose de lui ériger en 1864.

une nouvelle dynastie sur le trône de Portugal, celle de Bragance, qui préside encore aujourd'hui aux destinées de cette nation. Nous allons maintenant raconter les événements qui se sont accomplis depuis cette époque jusqu'à nos jours.

Le duc de Bragance, qui fut élevé sur le trône le 1er décembre 1640, sous le nom de Jean IV, par les patriotes portugais, était petit-fils de Catherine, fille de l'infant Edouard et petite-fille du roi Emmanuel. La maison de Bragance, qui contracta de fréquentes alliances avec les souverains de Portugal, avait son berceau dans la province de Tra-os-Montes, et la ville de Bragance, avec les territoires adjacents, était son principal apanage. Le 28 janvier 1641, les Cortès, réunies à Lisbonne, ratifièrent le choix des conjurés patriotes et reconnurent pour successeur immédiat de Jean IV, Théodose, son fils aîné. Dans cette assemblée, le roi déclara, ce qui arrive bien rarement, que les biens personnels de sa maison lui semblaient suffisants pour soutenir la majesté du rang suprême, et qu'il consacrait les revenus du domaine royal aux dépenses publiques. La plupart des puissances de l'Europe reconnurent le nouveau prince, à l'exception de l'Espagne, de l'empereur et du pape ; l'Espagne arma même contre le Portugal ; mais ses efforts furent constamment annihilés par le courage patriotique des Lusitaniens. Le comte-duc Olivarès, qui dirigeait alors le cabinet de Madrid, ne pouvant réussir à main armée, recourut à la trahison. Par ses soins, une conspiration composée d'hommes éminents est organisée contre les jours du roi ; mais l'indiscrétion d'un des conjurés la dévoile, et une énergique répression rend la sécurité au pays et donne de la confiance au monarque. Les Indes et l'Amérique avaient partout secoué avec empressement la domination espagnole et reconnu Jean IV. Il ne resta à la Castille, des possessions portugaises, que la ville de Ceuta en Afrique ;

les Hollandais gardèrent Ceylan et ne voulurent abandonner le Brésil que moyennant une soulte de quatre millions de ducats (1656). Cette même année, le 6 novembre, Jean descendait au tombeau, après avoir réformé l'administration et détruit une foule d'abus. Son fils aîné, Théodose, était mort avant lui, et il n'eut pour successeur qu'un enfant âgé de 13 ans, Alphonse VI, qui montra les plus mauvaises dispositions soit comme homme, soit comme souverain.

Cependant les Espagnols guerroyaient toujours contre le Portugal, et comme pendant toute la durée de l'annexion les Portugais n'avaient pas été admis au commandement en chef des armées, ils étaient dépourvus de généraux habiles. Louise de Guzman, reine-douairière et tutrice du jeune roi, femme d'un grand caractère, comprenant l'infériorité de son pays, n'hésita pas à chercher à l'étranger des généraux capables et s'adressa à la France. Le cardinal Mazarin lui adressa le maréchal de Schomberg, qui avait récemment battu les Espagnols à Leucate. La présence de ce nouveau chef changea en très peu de temps le moral ainsi que les habitudes de l'armée portugaise, et la victoire de Monte-Claros affermit pour toujours sur le trône la maison de Bragance. Dès ce moment l'Espagne se résigna à voir la monarchie portugaise vivre à côté d'elle, et Rome se montra mieux disposée à expédier aux évêques lusitaniens leurs bulles d'institution.

Enfin Alphonse VI répudie la tutelle de sa mère et aspire à gouverner seul; c'était un jeune prince sans instruction, obéissant aux plus grossiers instincts; la nuit il parcourait les rues de Lisbonne, à la tête de jeunes bandits de son âge, et détroussant les paysans, insultant les femmes, saccageant les maisons mal fermées, il pénétrait aussi dans les mauvais lieux et s'y livrait aux plus dégoûtantes orgies. C'est ainsi qu'il se préparait à contracter une union avec la maison de Savoie. Dès que la jeune princesse fut arrivée à Lisbonne, elle conçut le plus profond dédain pour celui qui était déjà son époux, et fut la première à solliciter son divorce. Soutenue par les jésuites, dont Alphonse VI était l'ennemi déclaré; encouragée par Dom Pèdre, frère d'Alphonse, qui aspirait à sa main et qui convoitait aussi le trône, Marie n'hésita pas à accuser Alphonse d'impuissance. Ces ignobles débats occupèrent pendant longtemps les casuistes de Lisbonne et de Rome, car le cynique Alphonse repoussait les allégations de la reine en offrant de faire ses preuves devant tels témoins qu'on voudrait désigner. Mais comme ce prince n'avait rien qui le recommandât à la considération publique, on ne voulut l'admettre à aucune épreuve; seulement on lui fit signer des déclarations ambiguës, et Rome prononça la dissolution de son mariage. De leur côté, les Cortès le déclarèrent déchu de la couronne, et son frère Dom Pèdre, muni des bulles pontificales, ayant épousé la reine divorcée, fut déclaré régent du royaume. Alphonse alla cacher sa double honte dans l'île de Terceira; quelque temps après il obtint la permission de rentrer en Portugal et mourut au château de Cintra d'une attaque d'apoplexie (12 septembre 1683).

Dom Pèdre II, soit comme régent, soit comme roi, témoigna toujours la plus grande sollicitude pour le bien-être de son peuple. Une police sévère réprima les excursions nocturnes que les jeunes gens de bonne famille faisaient dans les rues de la capitale, à l'instar d'Alphonse; dom Pèdre porta ses investigations jusque dans l'intérieur des couvents, et fit fermer tous ceux où la morale était trop souvent outragée. Un ministre éclairé, le comte d'Ericeira, seconda le monarque dans ses projets d'amélioration : il restreignit le monopole industriel et commercial des Anglais; il créa des manufactures, réorganisa les finances et restaura le crédit. Lors de l'avénement de la maison de Bourbon au trône d'Espagne, le Portugal, étant entré malheureusement dans la coalition formée par les principaux États de l'Europe contre Philippe V, se plaça à son insu sous la dépendance de l'Angleterre, qui *généreusement* garantit son territoire contre toutes les éventualités de la guerre, mais qui exigea aussi pour le commerce britannique de nombreuses concessions. Dès ce moment, et durant un demi-siècle, l'industrie, l'agriculture, le commerce et la navigation du Portugal furent paralysés ; les marchandises anglaises encombrèrent tous les entrepôts, tandis que les produits des autres nations en étaient sévèrement proscrits. Les Anglais achetaient bien les laines, les vins, les céréales que le Portugal produit en abondance ; mais à défaut de concurrence, se trouvant seuls maîtres des marchés, ils ne donnaient de tous ces objets que des prix très minimes. Sous l'influence de ce fatal traité de 1703, qui dans la diplomatie est appelé *traité de Methuen*, du nom de l'ambassadeur anglais qui le négocia, le Portugal ne fut plus que l'humble tributaire de la Grande-Bretagne. Pour ajouter encore à cette cause d'appauvrissement, Dom Pèdre, obéissant aux conseils de l'inquisition et des jésuites, poursuivit à outrance les juifs détenteurs de capitaux considérables, et les obligea à émigrer. Fautes graves qui pèsent sur ce prince et que ne peuvent racheter ni ses vertus privées ni la loyauté de son administration. Le 9 décembre 1706, il mourut à Alcantara, laissant la couronne à son fils Jean V, à peine âgé de dix-sept ans, mais déjà majeur, suivant le statut portugais.

Le règne de Jean V, malgré sa longue durée, fut sans gloire pour le Portugal, car il s'écoula tout entier ou sous l'influence de l'Angleterre ou sous celle des moines. Malencontreusement engagé dans la guerre de succession contre l'Espagne, le Portugal n'éprouva

que des revers sans aucune compensation. A la bataille d'Almanza, gagnée par le maréchal de Berwick,
les Portugais furent sacrifiés par les Anglais; ils
éprouvèrent aussi des pertes considérables à celle de
Gudina (1709); Duguay-Trouin ravagea les côtes du
Brésil et soumit Rio-Janeiro à une contribution de
guerre de 25,000,000 de francs. Puis, lorsque la paix
intervint entre la France, l'Angleterre et l'Espagne,
le Portugal recouvra les places que les hasards de la
guerre avaient mises au pouvoir des Castillans; mais
à son tour, il fut obligé d'abandonner celles qu'il
avait enlevées à l'Espagne. Ainsi, tout le sang ré-
pandu, tous les sacrifices consommés dans cette querelle, le Portugal les fit en pure perte.

L'établissement de la paix ne fut pas plus favorable
que la guerre aux destinées du royaume lusitanien :
Dom Juan n'en profita que pour se livrer aux actes
de la plus stupide bigoterie; il ne manquait pas d'assister aux *auto-da-fé* que célébrait l'inquisition; il
sollicita du pape la permission d'ajouter à son titre
de roi l'épithète de *très fidèle;* il fit ériger en église
métropolitaine la chapelle de son palais, avec douze
chanoines pour la desservir, et à leur tête il plaça un
archevêque auquel il fit conférer le titre de *patriar-
che*, avec suprématie sur l'archevêque-primat de
Braga; et, comme si ce n'était pas assez de ces inutiles institutions, il consacra *cent cinquante millions de cruzades* pour faire du couvent de Mafra
le plus riche et le plus magnifique monastère de la
chrétienté, du plus pauvre de tous qu'il avait été
jusque-là. Sous un tel roi, flanqué d'un moine fran-
ciscain pour premier ministre, toutes les sources de
la prospérité publique tarirent, et les métaux précieux que le Brésil commençait alors à envoyer dis-
paraissaient en un clin d'œil. L'agriculture, le commerce, l'industrie, plongés dans le marasme, étaient
sur le point de s'éteindre, lorsque la mort de Jean V

appela sur le trône un régénérateur, Joseph Ier, son fils (31 juillet 1750).

Joseph Ier n'était point doué d'un esprit supérieur, mais il eut le talent ou le bonheur de s'adjoindre un homme d'une rare capacité pour gouverner et administrer. C'était Dom Sébastien Carvalho, comte d'Oeyras, marquis de Pombal, qui, pendant toute la durée du règne de Joseph, occupa le poste de premier ministre (1750-1777) ; il avait été précédemment secrétaire d'ambassade à Londres et à Vienne (1739-1745), et avait étudié dans ces deux capitales le difficile problème d'une administration sage et économique.

A la mort de Jean V, le Portugal était dans un état voisin de la dissolution ; Pombal entreprit de régénérer son pays et d'y faire renaître la prospérité dont il avait joui autrefois. Nous allons énumérer quelques-uns des principaux actes de ce rare ministre, il nous serait impossible de les indiquer tous. En prenant les rênes de l'empire, Pombal traite avec toutes les cours, négocie avec tous les cabinets, et fait déjà sentir aux rois que le Portugal va redevenir puissance : il rétablit la discipline militaire que les règnes précédents avaient laissé affaiblir ; il confie la réforme de l'armée à un général consommé, le comte de Lippe-Buckebourg, et le Portugal n'a plus rien à envier de ce côté aux autres puissances. — La cour était remplie de factions, de cabales, d'intrigues et de complots, qui entravaient souvent la marche des affaires ; ailleurs s'agitait une société religieuse, riche et puissante, féconde en intrigues et avide de domination ; de son souffle puissant, Pombal disperse les nobles et les jésuites agitateurs ; il leur arrache les vastes domaines que des mains imprudentes leur ont concédés soit en Europe, soit en Amérique. — La nation manquait de subsistances : le ministre encourage l'agriculture, change les deux tiers des vignes en guérets ; il vivifie le commerce ; il ajoute de nouvelles branches à l'industrie nationale, il rend la navigation plus active, accroît l'arrivage des produits du Brésil dans la métropole, et l'abondance règne partout. — Une abrutissante superstition pesait sur toutes les classes et arrêtait l'essor de leur intelligence : Pombal proscrit les *auto-da-fé ;* il éteint les bûchers sanguinaires, crée de nouvelles écoles, renferme l'inquisition dans des bornes étroites, diminue le nombre des prêtres et des moines ; il ose même poser des limites au pouvoir de Rome et règle la juridiction du nonce apostolique.

Pendant que le grand ministre se livrait à ses nombreuses et utiles réformes, voilà qu'une épouvantable catastrophe vient s'appesantir sur le royaume : tout le sol lusitanien est ébranlé par de violents tremblements de terre, et Lisbonne, plus qu'aucune autre ville du royaume, est atteinte du fléau dévastateur: 30,000 de ses habitants sont engloutis dans les ruines de ses temples, de ses palais, de ses maisons, et le Tage, par un débordement inouï, vient accroître les ravages causés par les secousses volcaniques (1755). Le marquis de Pombal fut à la hauteur d'un pareil événement, son courage n'est point abattu par tant de malheurs réunis : il rétablit l'ordre au milieu de la confusion ; il donne la vie à tous ces éléments disjoints et inertes ; des bandes de malfaiteurs parcourant les places, les rues, les maisons à demi ruinées et portant partout le vol, l'homicide et l'incendie, ajoutent à l'horreur du désastre. Le ministre fut inexorable dans la répression : deux cents de ces bandits furent attachés à autant de gibets, et la vie des citoyens ne fut plus en danger. Mais ce n'est pas tout : bientôt de ces ruines, de ces décombres s'élève une ville plus magnifique que la première.

C'est le marquis de Pombal qui prit l'initiative de l'expulsion des jésuites (1759) non-seulement du Portugal, mais encore des différentes parties de l'Améri-

que méridionale où ils avaient fondé des établissements considérables ; on les accusait d'entretenir partout le trouble et l'agitation, et d'avoir concouru à
une tentative d'assassinat contre Joseph Ier : le duc
d'Aveiro et le marquis de Tavora, ainsi que leurs
familles, qui avaient pris une part active à ce régi-
cide, périrent dans les supplices. L'accomplissement
de tant de réformes, la répression sévère de tant d'a-
bus, de tant de vices, suscitèrent au marquis de Pombal de violentes inimitiés. Aussi, lorsque Joseph fut
descendu au tombeau laissant le trône à sa fille Marie Ire, épouse d'un frère (1777) du roi défunt, les
ennemis du premier ministre se groupèrent autour de
la reine et sollicèrent instamment son renvoi et sa
mise en jugement. Marie céda à tant d'instances :
Pombal avait en effet à se reprocher d'avoir fait usage,
pour réaliser ses projets, d'une violence qui ne reconnaissait point d'obstacles et souvent même de rigueurs
qui devenaient des injustices ; aussi fut-il condamné
à des amendes considérables et à la privation de ses
titres et d'une partie de ses richesses. Ce grand
homme d'Etat mourut de chagrin six mois après sa
condamnation, le 5 mai 1782, âgé de quatre-vingt-
trois ans.

Le règne de Marie n'offre aucun intérêt ; elle abandonna les sages réformes introduites par Pombal, se
montra néanmoins favorable aux établissements scien
tifiques fondés par Dom Joseph, son père, et créa
l'Académie des sciences de Lisbonne, dont elle donna
la présidence au duc de Lafoëns, son oncle. Ayant eu
le malheur de perdre son fils aîné, Dom Gabriel, Marie
ne put résister au chagrin que lui causa cette mort
prématurée ; elle fut atteinte d'une maladie men-
tale (1792) qui fit passer le pouvoir entre les mains
de son second fils, Dom Juan (1793).

En sa qualité de régent, Jean VI réunit les armées
de Portugal à celles de l'Angleterre et de l'Espagne

contre la France ; mais l'Espagne, par le traité de Bâle (1795), s'étant détachée de la coalition contre la République française, le cabinet de Lisbonne imita cet exemple. Dom Juan s'occupa alors de développer en Portugal les germes de prospérités que l'administration de Pombal avait semés et que la guerre avait arrêtés ; il encouragea les efforts de l'industrie qui cherchait à exploiter les richesses de l'intérieur comme à nouer au dehors de nouvelles relations. Il s'applaudissait déjà de ses succès, lorsque la rupture de la paix d'Amiens vint tout mettre en question (1803). Le premier consul (Bonaparte) s'apprêtait déjà à jeter les bases de son système continental ; le Portugal dut s'y soumettre, et fut écrasé par les troupes françaises, parce qu'il ne pouvait se passer de l'arrivage des navires anglais. Nous avons dit, à l'*Histoire d'Espagne*, comment le royaume de Portugal dut être envahi, morcelé ; comment ensuite Napoléon s'adjugea cette riche capture, que Jean VI lui abandonna sans combattre, emmenant avec lui au Brésil sa famille et sa mère en démence.

Le général Junot prit possession de Lisbonne au nom de la France et s'y maintint jusqu'au moment où l'Espagne, privée de ses rois, de ses meilleurs généraux et de ses plus braves soldats, ne prenant conseil que de son désespoir, fit retentir dans toute la Péninsule le cri de guerre à outrance contre les envahisseurs. Les Portugais n'y furent point sourds, et, assistés des troupes anglaises, ils forcèrent Junot, après la bataille de Vimeïro, d'abandonner leur capitale. Le maréchal Soult fut chargé de réparer les fautes de Junot ; il y parvint en partie, et fut bientôt remplacé par le maréchal Masséna, qui, après avoir vainement lutté contre Wellington, fortement retranché derrière les positions de Torres-Vedras, dut se retirer ; il rentra en Espagne par Badajoz. Les villes de Porto et d'Olivenza étaient encore occupées par les Français au commencement de 1811; mais après le combat d'Albuhera, qui suivit de près la prise de Badajoz, et où les troupes anglo-espagnoles restèrent maîtresses du terrain, l'habileté des généraux français et la valeur de leurs troupes devinrent impuissantes contre le soulèvement des habitants de la Péninsule; enfin, après la bataille des Aropiles, où le maréchal Marmont battit en retraite devant Wellington, ce dernier vint occuper Madrid, et il ne fut plus permis de songer au Portugal.

Après la mort de la reine Marie (1816), Dom Juan avait pris le titre de roi de Portugal ; mais, malgré la paix, malgré la sécurité qu'offraient ses anciens Etats d'Europe, il persistait à résider à Rio-Janeiro. Ainsi, le Portugal, délaissé, n'était plus qu'une colonie dont l'administration avait été confiée à une junte de gouvernement. Cette espèce de dédain, de la part de la cour, excitait le mécontentement de l'aristocratie portugaise; les commerçants et les ouvriers souffraient aussi de cet abandon ; enfin les progressistes, témoins des tendances libérales qui commençaient à prévaloir en Espagne, se trouvant en présence d'une junte inerte qui ne voulait prendre aucune initiative, répandirent partout des ferments d'insurrection, et tous les mécontentements, réunis en un centre commun, finirent par éclater à Oporto, le 24 août 1820, aux cris de *Vive Jean VI et sa dynastie, mais avec un congrès national!*

Cette insurrection, modérée dans son but, modérée surtout par les hommes éminents qui en avaient pris la direction, gagna bientôt du terrain : d'Oporto elle envahit Coïmbre, puis Lisbonne et les différentes provinces du royaume. Un gouvernement provisoire, établi dans la capitale, fit procéder aux élections générales, qui eurent pour but de nommer des députés chargés de discuter et d'arrêter, en congrès, les bases d'une constitution libérale, où tous les intérêts de la nation seraient sauvegardés. Après avoir été acceptée par le peuple, les autorités civiles, militaires et religieuses jurèrent solennellement d'observer la constitution; Madère, les Açores et tous les pays transatlantiques y adhérèrent, ainsi que Para, Bahia et Rio-Janeiro; Dom Juan lui-même accepta les bases du nouvel ordre politique promulgué par les Cortès, nomma son fils aîné vice-roi du Brésil et s'embarqua avec le reste de sa famille pour retourner en Europe. Le 5 juillet 1821, il abordait à Lisbonne, et peu après, malgré la vive opposition de la reine, il jurait la constitution devant le congrès national.

Le retour de Jean VI en Portugal, le peu d'égards que les membres du congrès témoignèrent pour les députés brésiliens, puisqu'ils rédigèrent et adoptèrent la constitution sans leur concours, firent détacher le Brésil de la mère-patrie. Dom Pedro, fils aîné de Dom Juan qui était resté dans cette vaste partie de l'Amérique, en qualité de vice-roi, pour calmer la susceptibilité des Brésiliens, accepta le titre de *prince-régent* et *protecteur constitutionnel du Brésil*, en attendant que son père eût statué sur la scission projetée. Mais les Brésiliens, dans leur impatience, ne voulurent pas attendre la réponse de Dom Juan; ils se déclarèrent indépendants et complétement détachés du Portugal. Dom Pedro fut immédiatement lié aux destinées du pays insurgé et reçut le titre d'*empereur constitutionnel du Brésil*. Pendant ce temps une contre-révolution se préparait en Portugal; le bas peuple, les prêtres et la reine ne pouvant s'habituer aux formes constitutionnelles, profitèrent de la présence du duc d'Angoulème à Madrid pour fomenter une révolte qui amena la chute du gouvernement constitutionnel (1823); et Dom Juan consentit sans difficulté à devenir roi absolu, ou plutôt à abandonner une autorité sans limites à la reine et à l'un de ses fils, Dom Miguel, instrument docile de sa mère. Ce premier succès enhardit les royaux conspirateurs, Dom Juan n'est plus à leurs yeux qu'un obstacle, et le fils, à la tête de troupes rebelles, voulait à tout prix détrôner son père. Mais l'ambassadeur français venant au secours du malheureux roi, l'entraîne sur un vaisseau anglais mouillé devant Lisbonne; et de là assisté, encouragé par son entourage, Dom Juan menace son fils de le livrer à la vindicte des lois et l'oblige à mettre bas les armes (1824).

Après cette échauffourée, Dom Miguel fut envoyé à Vienne sous la surveillance de l'empereur François II; mais il restait auprès du malheureux Dom Juan la reine, toujours ardente à ressaisir le pouvoir, toujours préparant et soudoyant de sourdes agitations. Ce fut au milieu de ces alarmes incessantes que la mort vint saisir le malheureux Jean VI (10 mars 1826). Il avait, par un décret antérieur, confié la régence à Isabelle-Maria, sa troisième fille.

La conduite de la régente fut digne d'éloges : elle s'empressa de faire proclamer son frère Dom Pedro roi de Portugal, tandis qu'un navire se rendait au Brésil pour lui annoncer la mort de son père et son avénement au trône. Dès ce moment la situation de Dom Pedro devint des plus difficiles : accepter la couronne de Portugal, c'était mécontenter les Brésiliens; quitter l'Amérique pour aller en Europe, c'était perdre l'empire. Dom Pedro leva tous les obstacles par une décision nette et prompte : il abdiqua la couronne de Portugal en faveur de sa fille Doña Maria-da-Gloria, à peine âgée de huit ans, et l'envoya à Lisbonne en faisant précéder son arrivée d'une charte qui établissait deux chambres et installait le gouvernement représentatif avec toutes ses attributions. Cette mesure sage et libérale fut accueillie avec enthousiasme par la haute bourgeoisie et par quelques familles de l'aristocratie; le peuple, qui ne comprenait rien à tous ces changements, y demeura indifférent.

La reine-douairière profita de l'indifférence de la multitude pour préparer une insurrection en faveur de Dom Miguel et de l'absolutisme; le marquis de Chavès fut chargé de diriger ce mouvement (1826). Mais Dom Pedro, croyant prévenir toutes les complications, avait fait offrir à son frère Dom Miguel la main de sa fille Doña Maria, ainsi que la régence jusqu'à la majorité de la jeune reine; l'infant, qui résidait alors à Vienne, accepta ces propositions, jura fidélité à la nouvelle constitution, et le 22 février 1828 il faisait son entrée dans Lisbonne.

Dès son arrivée en Portugal, Dom Miguel ne songea qu'à fausser sa parole : tous ses serments, toutes ses promesses il les mit de côté, et ne s'occupa qu'à consolider la couronne sur sa tête, au détriment de sa nièce, de sa fiancée, qui dans ce moment même arrivait en Europe, et qu'on ne voulut pas lui livrer, pour prévenir de plus graves malheurs. La municipalité de Lisbonne, travaillée par les agents de Dom Miguel, le proclama roi absolu; les trois ordres, convoqués suivant les anciennes formes, le clergé, la noblesse et le tiers état que l'on eut soin d'épurer, ratifièrent le choix de la municipalité de Lisbonne (23 juin 1828); la plupart des provinces imitèrent la capitale, et l'usurpation fut consommée. Cependant les ambassadeurs de France, d'Angleterre, de Prusse et de Russie, protestèrent contre cette audacieuse transgression de tous les principes de droit public, et quittèrent Lisbonne. Bientôt après les généraux Saldanha, Stubbs, Villaflor se mirent à la tête du mouvement constitutionnel et battirent en brèche le pouvoir de Dom Miguel; de son côté, Dom Pedro, abdiquant la couronne du Brésil, se rendait en Europe pour conquérir celle de sa fille. La France et l'Angleterre lui en fournirent les moyens. Grâce au concours de ces deux puissances, il eut bientôt une flotte et une armée qu'il avait concentrées à Terceira, l'une des Açores, qui lui était restée fidèle (1833).

De Terceira, Dom Pedro se rendit à Oporto, où il comptait des amis dévoués ; c'est de ce port que partit, sous les ordres de l'amiral Napier, une escadre destinée à bloquer le Tage et qui détruisit la flotte miguéliste, à la hauteur du cap Saint-Vincent. Bientôt après, le comte de Villaflor, franchissant les Algarves, se porta sur Lisbonne et s'en fit ouvrir les portes. Cependant, Dom Miguel, ayant cru enfermer Dom Pedro dans Oporto, était venu en toute hâte investir cette place ; les opérations du siége furent confiées au maréchal de Bourmont, qui, repoussé dans toutes les attaques, dut abandonner ses positions, et Dom Miguel, désespéré, se retira à Santarem.

Dom Pedro fut accueilli avec enthousiasme par les habitants de Lisbonne, et prit modestement le titre de régent, en attendant l'arrivée de sa fille Doña Maria. Il exila les partisans de Dom Miguel, sévit contre les divers membres du clergé qui avaient secondé l'usurpation de son frère, et abolit l'inquisition ainsi que le tribunal du nonce apostolique. Pendant que Dom Pedro réalisait ces réformes, la mort de Ferdinand VII, roi d'Espagne, vint lui rendre sa tâche plus facile. La veuve de ce monarque, Marie Christine, apprenant que Don Carlos, frère de Ferdinande s'était retiré en Portugal pour faire cause commun, avec Dom Miguel, y avait envoyé, sous les ordres du général Rodil, un corps de troupes destiné à opérer, de concert avec Villaflor, contre ces prétendants. Ces deux généraux réussirent au delà de toutes leurs espérances ; car ils parvinrent, en très peu de jours, à expulser de la Péninsule Don Carlos et Dom Miguel.

Délivrée de son antagoniste, Doña Maria put monter paisiblement sur le trône ; quelques mois après cet acte accompli, son héroïque père rendait le dernier soupir (21 septembre 1834), comme s'il n'eût eu plus rien à faire en ce monde. Dom Pedro est une des plus remarquables personnifications de l'ancien caractère hardi et aventureux des Portugais. Il avait perdu un trône en Amérique, il vint en conquérir un autre en Europe. Pour assurer dans sa race la succession de la couronne, Doña Maria épousa le prince de Leuchtenberg, fils du prince Eugène de Beauharnais, hymen infortuné ; car, à peine conclu, la mort enlevait le prince-époux (1835). La reine contracta une nouvelle alliance avec le prince Ferdinand-Auguste de Saxe-Cobourg-Gotha, d'où sont issus quatre enfants.

Les premières années du règne de Doña Maria furent constamment agitées : le Portugal se ressentit de l'état de fermentation qui régnait en Espagne ; et, lorsque la révolte de Saint Ildefonse fut victorieuse et que la constitution de 1820 fut imposée à Christine, Doña Maria dut la subir. Depuis, grâce aux conseils pleins de sagesse que le prince-époux est parvenu à faire prévaloir, le Portugal a joui d'un grand calme, et lorsque la mort vint surprendre inopinément Doña Maria, en 1853, la couronne est passée sans commotion sur la tête de son fils aîné, Dom Pedro V, à peine âgé de 16 ans. Voici comment ce prince caractérisait la situation du pays dans une des dernières sessions législatives dont il faisait l'ouverture : « Dignes pairs du royaume et députés de la nation portugaise, disait-il, j'attends de votre zèle et de votre intelligence que vous montrerez par l'exemple de votre pays que les institutions constitutionnelles, dûment respectées, assurent plus que toute autre garantie le bien-être et le progrès d'un peuple éclairé ! » Remarquables paroles sorties de la bouche d'un souverain. Ce jeune prince, dont la sagesse précoce faisait concevoir les plus heureuses destinées pour son pays, et que les Portugais s'étaient plu à surnommer *el Esperanzoso*, a été enlevé prématurément à l'affection de ses sujets, qui, à ses obsèques, ne l'appelaient plus que *el Desgraçado* (l'infortuné) (novembre 1861).

Dom Luiz Ier, frère de Dom Pedro, qui a hérité de la couronne, et qui vient d'épouser la fille de Victor-Emmanuel (1862), promet, et par son caractère et par son alliance, de suivre les traces de son prédécesseur, et d'être l'un des plus zélés défenseurs des libertés de son pays !

TABLE DES MATIÈRES.

INTRODUCTION 3

CHAP. I. Description physique de la Péninsule ibérique.. 5

II. Les Phéniciens, les Carthaginois et les Romains 10

III. Monarchie des Visigoths..................... 20

IV. Invasion et domination des Arabes. — Formation des principautés chrétiennes.... 33

V. Dernières luttes contre les Maures. — Ferdinand et Isabelle. — Unité de la monarchie espagnole................................ 59

VI. L'inquisition en Espagne.................... 84

L'inquisition en Portugal.................... 99

VII. Dynastie des Habsbourg.—Charles-Quint. — Philippe II. — Philippe III. — Philippe IV. — Charles II............................ 102

VIII. Dynastie des Bourbons. — Philippe V.— Louis Ier.—Ferdinand VI.— Charles III.— Charles IV.—Ferdinand VII.—Isabelle II. 131

PRÉCIS de l'Histoire de Portugal, depuis la bataille d'Ourique jusqu'à nos jours (1139-1862).. 163

FIN.

Paris. — Imprimerie de DUBUISSON et Cᵉ, rue Coq-Héron, 5.

La *Bibliothèque utile*, consacrée à la vulgarisation des connaissances les plus indispensables à l'homme et au citoyen, a publié, en 1859 et 1860, les vingt ouvrages suivants :

I. **Morand.** Introduction à l'étude des sciences physiques.
II. **Cruveilhier.** Hygiène générale.
III. **Corbon.** De l'Enseignement professionnel.
IV. **L. Pichat.** L'Art et les Artistes en France.
V. **Buchez.** Les Mérovingiens.
VI. **Buchez.** Les Carlovingiens.
VII. **F. Morin.** La France au moyen âge.
VIII. **Bastide.** Luttes religieuses des premiers siècles.
IX. **Bastide.** Les guerres de la Réforme.
X. **Pelletan.** Décadence de la monarchie française.
XI. **Brothier.** Histoire de la Terre.
XII. **Sanson.** Principaux faits de la Chimie.
XIII. **Turck.** Médecine populaire.
XIV. **Morin.** La Loi civile en France.
XV. **Fillias.** L'Algérie ancienne et nouvelle.
XVI. **Ott.** L'Inde et la Chine.
XVII. **Catalan.** Notions d'Astronomie.
XVIII. **Cristal.** Les Délassements du travail.
XIX. **Gaumont.** Mécanique appliquée. — Horlogerie.
XX. **G. Jourdan.** La Justice criminelle en France.

Volumes publiés en 1861 et 1862 :

XXI. **Ch. Rolland.** Histoire de la maison d'Autriche.
XXII. **Eug. Despois.** Révolution d'Angleterre.
XXIII. **V. Guichard** et **H. Leneveux.** L'instruction en France.
XXIV. **C.-F. Chevé.** La Pologne.
XXV. **L. Combes.** La Grèce ancienne.
XXVI. **F. Lock.** Histoire de la Restauration.
XXVII. **Brothier.** Histoire populaire de la Philosophie.
XXVIII. **Élie Margollé.** Les Phénomènes de la Mer.
XXIX. **L. Collas.** Histoire de l'Empire ottoman.
XXX. **F. Zurcher.** Les Phénomènes de l'Atmosphère.
XXXI. **E. Raymond.** L'Espagne et le Portugal.

Pour paraître prochainement :

XXXII. **Eugène Noël.** Voltaire et Rousseau.

En préparation, divers ouvrages de MM. Carnot, Henri Martin et Hédouin, Daniel Stern, de Ronchaud, Guémied, Enfantin, Hénon, Charles Richard, Victor Meunier, George Sand, Garnier Pagès, Jules Simon, Vacherot, E. Charton, E. Jay, L. Ulbach, Emm. Arago, Jules Barni, Ortolan.

Paris. — Imprimerie de Dubuisson et Cᵉ, rue Coq-Héron, 5.